Escalier

Livre de l'étudiant 1
(Nouvelle édition)

James Hall

Head of Modern Languages and Director of Studies
Longridge County High School

STANLEY THORNES (PUBLISHERS) LTD

The course at a glance

THEMES – STAGE ONE		
Personal information	Shopping	Family, friends and jobs
Finding the way	Travel	Post offices
Food and drink	Daily routine, school, leisure	Numbers, money, dates and time

COMPONENTS		*STAGE ONE*
Coursebook	Contains presentation material, dialogues, oral activities and exploitation material.	Coursebook 1
Teacher's Book	Contains: (a) Full notes on presentation and exploitation of the materials. (b) Transcripts of listening comprehension material.	Teacher's Book 1
Worksheet Book	Contains: (a) Photocopiable worksheets containing oral activities, listening and reading comprehension, puzzles, games and assessment tasks. (b) Pupil profile blanks (also photocopiable).	Worksheet Book 1
Cassettes	Contain dialogues, interviews and listening materials.	Set of cassettes for Stage 1
Flashcards	Pictorial starting points for language work, especially presentation of 'new' items.	Set of flashcards for Stage 1

© Text Lancashire County Council (Education Authority) 1986, and James Hall 1992
© Illustrations ST(P) Ltd 1992

First edition published in 1986
This edition published in 1992 by
Stanley Thornes (Publishers) Ltd
Old Station Drive
Leckhampton
CHELTENHAM GL53 0DN

British Library Cataloguing in Publication Data

Hall, James
    Escalier 1: Pupils' book. – Revised ed. – (Escalier)
    I. Title II. Series
    448.3
    ISBN 0–7487–1306–9

Design and computer layout by
Carla Turchini

Printed and bound in Hong Kong by
Dah Hua

Acknowledgements

Escalier was produced with the collaboration of the Institute of
European Education, S. Martin's College, Lancaster (Director: Margaret
Whiteside) and with the help and support of the Lancashire Education
Committee and their Modern Languages Adviser, Derrick Mackereth.
A panel of teachers from both Lancashire and Cumbria made a
valuable contribution to the materials.

The author is grateful to all those who were involved and would like
to thank them for their contribution. The author and publishers
would also like to thank the following for permission to reproduce
photographs:

Keith Gibson.
Rex Features, *p.112*.
Podium Hit, *p.112*.
J.Allan Cash, *p.89*.

Contents

1 Bonjour   1
Introduction

■ Exchanging greetings.
■ Understanding requests for, and giving, information about your name, age and address.
■ Cardinal numbers.
■ Finding out where French is spoken.
■ Using French in the classroom.

2 Pardon, monsieur   7
Finding the way

■ Politely asking for, and understanding, directions in a town.
■ Giving directions.
■ Asking for clarification or repetition, where necessary.

3 Je me présente   22
Personal information

■ Understanding requests for, and giving, your name, age and nationality.
■ Saying where you live.
■ Understanding requests for, and giving, the date of your birthday.
■ Days, months and dates.
■ Describing the place where you live.
■ Introducing and giving information about the members of your family.
■ Saying what you like to do in your spare time.

4 Qu'est-ce que vous prenez?
Food and drink   **42**

■ Calling the waiter or waitress.
■ Ordering drinks in a café-bar.
■ Asking the price.
■ Buying ice cream.
■ Ordering food in a café-restaurant.
■ Settling the bill.
■ Understanding a simple menu and relevant signs.

5 Et avec ça?   60
Shopping

■ Asking for items at the market, grocery, bakery, tobacconist's and supermarket.
■ Specifying quantities and ascertaining prices.
■ Dealing with French currency.
■ Recognising shop names and understanding related signs and written instructions.
■ Understanding the time (using 24-hour clock).

6 Il faut changer?   78
Travel

■ Asking for, and understanding, information about buses and the Metro.
■ Buying tickets, stating type of journey and under-standing times and prices.
■ Finding your way round a bus or train station.
■ Understanding relevant signs and information on timetables.

7 Ma journée   94
Daily routine, school, leisure

■ Describing your daily routine.
■ Understanding the time (using 12-hour clock).
■ Talking about school: timetable, subjects, likes and dislikes.
■ Saying what you do in the evening and at weekends.

8 Ma famille et mes amis 110
Family, friends and jobs

■ Introducing and giving information about family and friends.
■ Talking about work: where people work, daily routine, likes and dislikes.

9 Timbres et téléphones   124
Post Offices

■ Purchasing stamps.
■ Sending mail and telegrams to England.
■ Finding public telephones.
■ Making a simple telephone call.

Petit dictionnaire   131
Unit vocabulary

Bonjour

1 Bonjour, monsieur. Comment ça va?

Très bien, merci.

2 Bonjour, madame. Comment ça va?

Ça va bien, merci.

3 Bonsoir, mademoiselle. Comment ça va?

Comme ci, comme ça.

4 Salut, Marc. Comment ça va?

Pas bien.

Bonjour,
Bonsoir,

monsieur.
madame.
mademoiselle.

Comment ça va?

Très bien, merci.
Ça va bien, merci.
Comme ci, comme ça.
Pas bien.

Exercice 1

Comment ça va?

1	2	3	4

Exercice 2

Comment t'appelles-tu?

> **Exemple**
>
> Numéro un, comment t'appelles-tu?   Je m'appelle Christophe.

0	zéro	11	onze	22	vingt-deux
1	un	12	douze	23	vingt-trois
2	deux	13	treize	24	vingt-quatre
3	trois	14	quatorze	25	vingt-cinq
4	quatre	15	quinze	26	vingt-six
5	cinq	16	seize	27	vingt-sept
6	six	17	dix-sept	28	vingt-huit
7	sept	18	dix-huit	29	vingt-neuf
8	huit	19	dix-neuf	30	trente
9	neuf	20	vingt	31	trente et un
10	dix	21	vingt et un	40	quarante

Exercice
3

Quel âge as-tu?

Exemple

Quel âge as-tu, Olivier?   J'ai dix ans.

1

2

3

4

5

6

7

8

9

10

Exercice
4

Quelle est ton adresse?

Exemple

Quelle est ton adresse, Céline? C'est vingt-cinq, rue de la Paix.

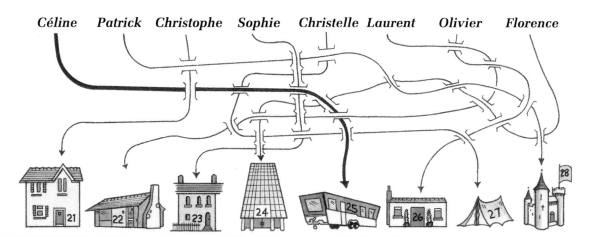

Céline   Patrick   Christophe   Sophie   Christelle   Laurent   Olivier   Florence

rue de la Paix

Exercice 5

C'est combien?

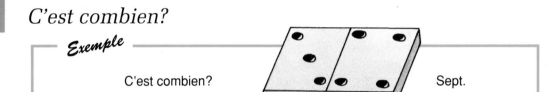

Exemple

C'est combien?   Sept.

1   **2**   **3**

4   **5**   **6**

7   **8**   **9**   **10**

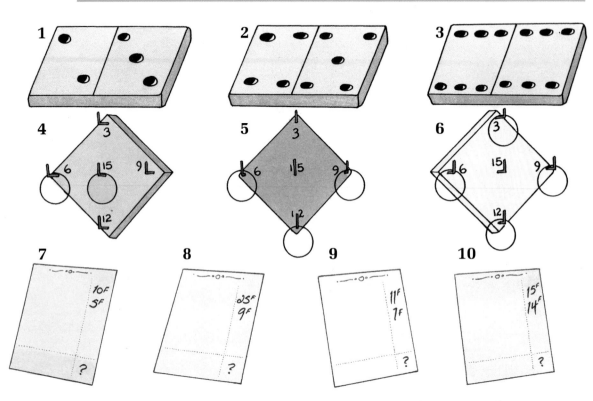

Exercice 6

Un, deux, trois

Complétez les listes.

1   un deux trois quatre _____

2   deux quatre six _____ dix

3   un trois six _____ quinze

4   cinq dix _____ vingt

5   dix vingt _____ quarante

6   quatre huit douze _____

7   deux quatre huit seize _____

8   six douze dix-huit _____

9   _____ six neuf douze

10   trente-trois trente-deux _____ trente

Où est-ce qu'on parle français?

Salut! Je m'appelle Sophie.
J'habite à Marseille en France.
Je parle français.

Bonjour. Je m'appelle Laurent.
J'habite à Genève en Suisse.
Je parle français.

Salut! Je m'appelle Danielle.
J'habite à Montréal au Canada.
Moi aussi, je parle français.

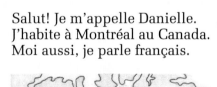

Bonjour. Moi, je m'appelle Habib.
J'habite à Casablanca au Maroc.
Je parle français.

Pour vous aider
Comment cela s'appelle en français? C'est...

un cahier

un crayon

un livre

un sac

un stylo

un placard

une gomme

une règle

une chaise

une table

une calculatrice

une corbeille

Je m'excuse, monsieur. J'ai oublié ma règle.

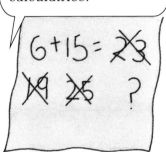

Pardon, mademoiselle. J'ai besoin d'une calculatrice.

Stephen, passe-moi ta gomme, s'il te plaît.

Pardon, monsieur

À droite ou à gauche?

1 Où est le port, s'il vous plaît?
Tournez à gauche.

2 Où est l'auberge de jeunesse?
Continuez tout droit.

3 Où est la gare, s'il vous plaît?
Tournez à droite.

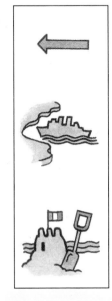

Première, deuxième, troisième...

Au port

Pardon, mademoiselle.
Où est le centre-ville?

Continue tout droit.

Au centre-ville

1

Pardon, monsieur. Où est la plage?

Prenez la première rue à gauche.

3

Où est la Poste, s'il te plaît?

Prends la troisième rue à gauche.

2

Pardon, madame. Où est le jardin public?

Prenez la deuxième rue à droite.

4

Pardon, monsieur. Où est le commissariat?

Prends la première rue à droite.

Exercice 1

Dans la rue

Demandez le chemin.

Où est

le centre-ville?

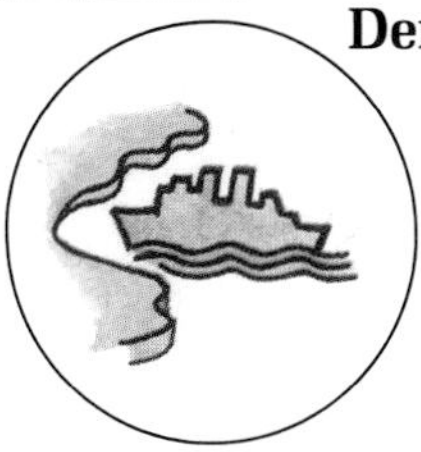

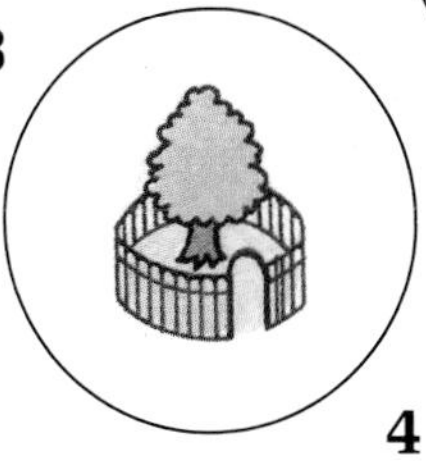

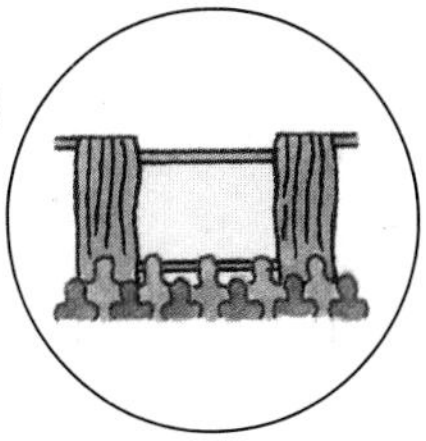

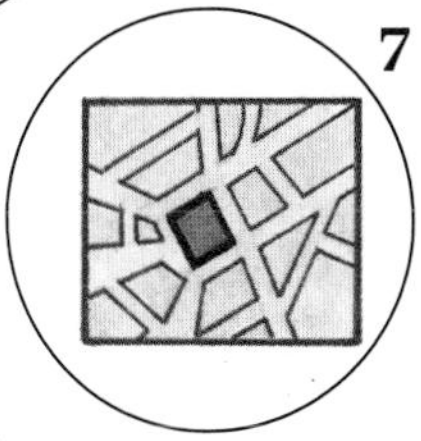

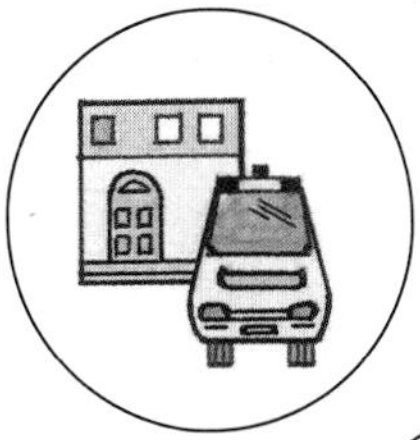

le cinéma?

le commissariat?

le jardin public?

le port?

la gare?

la plage?

la Poste?

l'auberge de jeunesse?

1

2

3

4

5

6 PTT

7

8

9 SNCF

Exercice 2

Exemple

Au secours! Je n'aime pas la police

Prenez la première rue à gauche, Vincent.

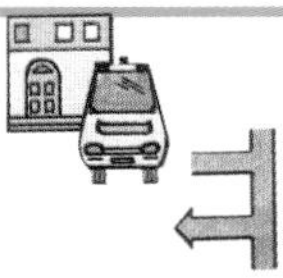

1

2

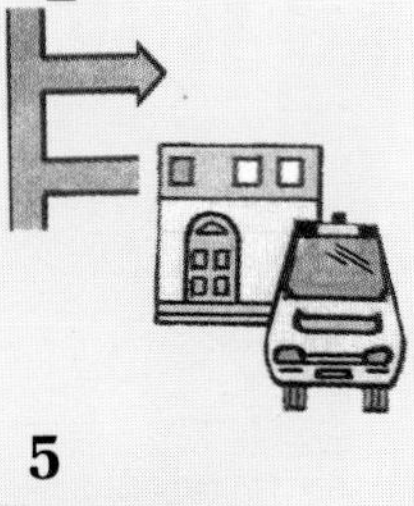

3

4

5

6

Exercice

3

Complétez à l'aide de:

première	deuxième	troisième
	gauche	droite

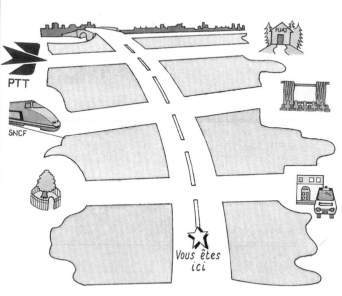

1 Où est la gare?
Prenez la _____ rue à gauche.

2 Où est le commissariat?
Prends la _____ rue à droite.

3 Où est la Poste?
Prends la _____ rue à gauche.

4 Où est l'auberge de jeunesse?
Prenez la troisième rue à _____

5 Où est le cinéma?
Prends la deuxième rue à _____

6 Où est le jardin public?
Prenez la _____ rue à _____

La Poste

La gare de Saint-Omer

PISCINE
HOPITAL
ECOLE.

Exercice 4

Le vieux panneau

Remplacez les lettres qui manquent.

PORT
PLAGE
COMMISSARIAT   POSTE
GARE   CINEMA
AUBERGE DE JEUNESSE
CENTRE-VILLE
JARDIN PUBLIC

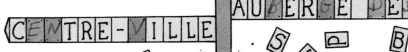

Pardon,	monsieur. madame. mademoiselle.	Où est	le cinéma, la gare, l'auberge de jeunesse,	s'il te plaît? s'il vous plaît?

Tourne Tournez	à droite. à gauche.		
Continue Continuez C'est	tout droit.		
Prends Prenez	la première rue la deuxième rue la troisième rue	à droite. à gauche.	

CM 33
H Hôpital
Centre ville
Poste Gare

onze **11**

Au centre-ville

1 Pardon, madame. Où est le syndicat
d'initiative?
Montez la rue et tournez à gauche.

2 Où est le parking, s'il vous plaît?
Descendez la rue et continuez tout droit.

3 Où est le camping, s'il te plaît?
Descends la rue et tourne à droite
après le cinéma.

4 Où est la piscine, Bernard?
Monte la rue et traverse la place. La
piscine, c'est tout droit.

Monte Montez		
	la rue.	
Descends Descendez		
Traverse Traversez	la place.	

Exercice 5

Dialogues à deux

Travaillez avec un(e) partenaire.

Exemple

Où est la gare?   Continue tout droit.

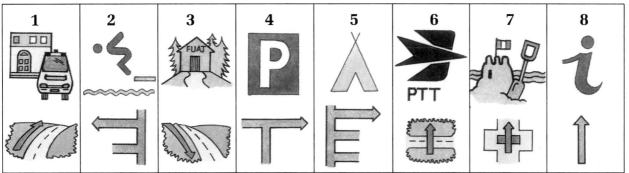

| 1 | 2 | 3 | 4 | 5 | 6 | 7 | 8 |

Exercice 6

Sur la planète Tantalus

Pouvez-vous éviter les monstres?

Commandes

 Montez *(la rue).*

Descendez *(la rue).*

 Traversez *(la place).*

Tournez à droite.

Tournez à gauche.

Exercice 7 — *Où allez-vous?*

1 Monte la rue et c'est tout droit.

2 Descends la rue et tourne à droite.

3 Descends la rue et continue tout droit.

4 Montez la rue et tournez à gauche.

5 Descendez la rue et tournez à gauche après la Poste.

6 Montez la rue et tournez à droite après le cinéma.

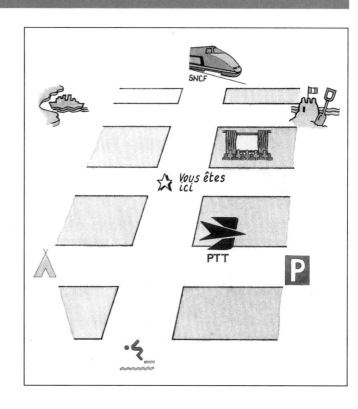

Exercice 8 — *Mots camouflés*

12 mots sont cachés dans la grille.

Cherchez horizontalement, de gauche à droite → et de droite à gauche ←, et verticalement, de haut en bas ↓ et de bas en haut ↑.

```
A J A R D I N P U B L I C
S B M J D R I C A K W I E
V N E U E C A L P B V P N
E I N A J T H Q J U B L T
T A I R A S S I M M O C R
C U C A M P I N G T Z H E
S W T M G I L S N G T O V
G A R E K S R P I Q R G I
F T M D X C L O K D O X L
E G A L P I Y S R N P E L
V C O E H N F T A K P M E
F R W P Z E O E P N X Q Y
```

Où allez-vous?

Regardez le plan (Exercice 7) et trouvez le message secret.
↓

```
D E M T T R N S O T
E S C E O U E T P A
S N E E U A Z E S L
E D R U C G A P E E
Z L A P H E A P R S
```

Saint-Omer

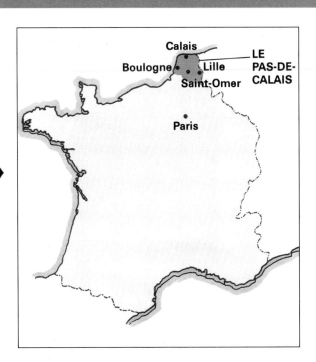

La ville de Saint-Omer se trouve dans le nord de la France, dans le Pas-de-Calais...

à quarante kilomètres de Calais

CALAIS 40

BOULOGNE 50

à cinquante kilomètres de Boulogne

LILLE 70

PARIS 250

à soixante-dix kilomètres de Lille

à deux cent cinquante kilomètres de Paris

Qu'est-ce qu'il y a à voir à Saint-Omer et dans la région?

Il y a...

l'AA canalisée

les anciens remparts

ruines de Saint-Bertin

la basilique Notre-Dame

Qu'est-ce qu'il y a à faire à Saint-Omer et dans la région?

Il y a...

le cinéma

les magasins

le musée Sandelin

le parc naturel régional

la piscine de plein air

le musée Henri-Dupuis

le jardin public

Maintenant, à vous! Qu'est-ce qu'il y a à faire et à voir dans votre ville et dans votre région?

Vous pouvez enregistrer votre réponse

écrire votre réponse

ou dessiner un poster.

Où sont les toilettes?

Patrick cherche les toilettes.

Exercice 9

Qu'est-ce que vous dites?

Écoutez bien et choisissez la réponse correcte.

(a) Je ne comprends pas.

(c) Plus lentement, s'il vous plaît.

(b) Répétez, s'il vous plaît.

(d) Je ne sais pas.

Exercice 10

Dialogues à deux

Travaillez avec un(e) partenaire pour faire des dialogues.

1 ?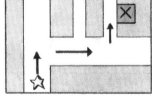

2 ?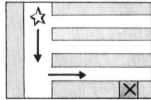

3 ?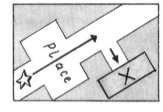

4 ?

C'est là-bas

1

Danielle:	Pardon. Où est l'Hôtel Ibis?
Marc:	C'est là-bas, derrière la banque.
Danielle:	Derrière la banque? Merci, monsieur.

2

Luc:	Pardon, mademoiselle. Où est la Poste?
Claudine:	C'est là-bas, à côté du commissariat.
Luc:	À côté du commissariat? Merci bien.

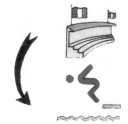

3

Martine:	Où est la piscine, s'il te plaît?
Bernard:	C'est là-bas, devant le stade.
Martine:	Devant le stade? Ah oui, d'accord.

4

Mme Guyot:	Pardon, monsieur. Où est le syndicat d'initiative?
M. Binet:	C'est près de la gare.
Mme Guyot:	Près de la gare? Merci beaucoup.

Exercice

11 *Vrai ou faux ?*

Corrigez les réponses fausses.

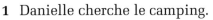

1 Danielle cherche le camping.

2 L'Hôtel Ibis est derrière la banque.

3 Luc cherche la Poste.

4 La Poste est à côté du café.

5 Martine cherche le stade.

6 La piscine est derrière le stade.

7 Mme Guyot cherche le syndicat d'initiative.

8 Le syndicat d'initiative est près de la plage.

L'Hôtel Ibis

Exercice 12

Agents secrets

Quel est le rendez-vous des agents secrets?

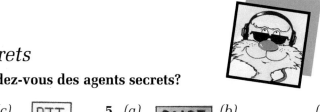

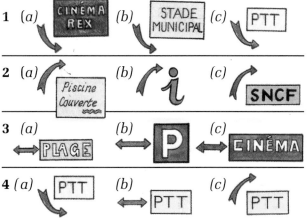

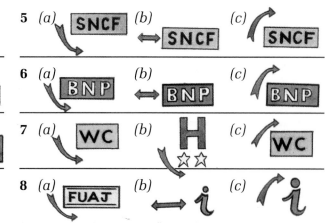

Exercice 13

Le plan de ville

Copiez et complétez le plan de ville.

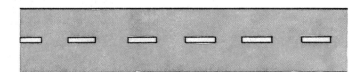

1 – Où est le café?
  – C'est à côté de la Poste.
2 – Où sont les toilettes?
  – Là-bas, derrière le cinéma.
3 – Où est le parking?
  – C'est devant le syndicat d'initiative.
4 – Où est la gare?
  – C'est derrière la Poste.
5 – Où est la banque?
  – C'est à côté du syndicat d'initiative.
6 – Où est la piscine?
  – Là-bas, devant la banque.

Exercice 14

Trouvez les paires

1 P.T.T.	4 S.I.	(a) le syndicat d'initiative	(d) la gare
2 S.N.C.F.	5 W.C	(b) la Poste	(e) le parking
3 P	6 B.N.P.	(c) la banque	(f) les toilettes

Exercice 15

Au téléphone

Trouvez les 10 endroits.
1 = a,b ou c; 2 = d,e ou f; et ainsi de suite.

1 ABC	2 DEF	3 GHI	
4 JKL	5 MNO		
6 PQR	7 STU	8 VWX	9 YZ

Exemple

```
        A A M P S D
115672 = B B N Q T E  =  BANQUE
        C C O R U F
```

1	3162	5	1122		
2	64132	6	77122		
3	6567	7	65772	9	35724
4	1156353	8	135251	10	6371352

Exercice 16

SERGE SERPENT

Trouvez 6 mots dans le serpent.

JARDINPUBLICOMMISSARIATOILETTESTADEVANTROISIEME

	le café? le camping? le parking? le stade? le syndicat d'initiative? l'hôtel? la banque? la piscine?	Je ne comprends pas.
Où est		Répétez, s'il vous plaît.
		Plus lentement, s'il vous plaît.
Où sont	les toilettes?	Je ne sais pas.

C'est là-bas	derrière devant	le jardin public. la gare.	
	près à côté	du stade. de la Poste.	

Allez (Va) au café.

Unité 3

Je me présente

Au camping

Tracy passe ses vacances en France avec sa famille. Au camping elle rencontre Karine.

Exercice 1

Vrai ou faux?

Corrigez les réponses fausses.

1 Tracy est perdue.

2 Elle cherche le café.

3 Tracy est Française.

4 Preston est dans le nord-ouest de l'Angleterre.

5 Karine est Française.

6 Orléans est dans le sud de la France.

7 Tracy a onze ans.

8 Karine a treize ans.

Exercice 2

Dialogues à deux

Travaillez avec un(e) partenaire pour faire des dialogues.

Exemple

«*Je suis Anglais*»

– Comment t'appelles-tu?
– Je m'appelle Tracy.
– Où habites-tu?
– Je suis Anglaise. J'habite à Preston.
– Quel âge as-tu?
– J'ai onze ans.

«*Je suis Anglaise*»

1

Nom	Hargreaves
Prénom	Stephen
Âge	13
Adresse	18, Darwen Road, Blackburn

3

Nom	Prescott
Prénom	John
Âge	17
Adresse	35, Battle View, Hastings

2

Nom	Smith
Prénom	Donna
Âge	15
Adresse	11, Perry Bar, Birmingham

4   **Et toi?**

Nom	?
Prénom	?
Âge	?
Adresse	?

Des lettres de France

Je m'appelle Lionel.
J'ai 15 ans.
J'habite 16 chemin de la Fruitière à Meythet.
Je suis Français.

Je m'appelle Sophie Duretet j'ai treize ans. Je suis de nationalité française. J'habite aux Houches à sept kilomètres de Chamonix dans un chalet.

Quelle est la date?

CALENDRIER 1992

JANVIER
L	Ma	Me	J	V	S	D
		1	2	3	4	5
6	7	8	9	10	11	12
13	14	15	16	17	18	19
20	21	22	23	24	25	26
27	28	29	30	31		

FÉVRIER
L	Ma	Me	J	V	S	D
					1	2
3	4	5	6	7	8	9
10	11	12	13	14	15	16
17	18	19	20	21	22	23
24	25	26	27	28	29	

MARS
L	Ma	Me	J	V	S	D
						1
2	3	4	5	6	7	8
9	10	11	12	13	14	15
16	17	18	19	20	21	22
23	24	25	26	27	28	29
30	31					

AVRIL
L	Ma	Me	J	V	S	D
		1	2	3	4	5
6	7	8	9	10	11	12
13	14	15	16	17	18	19
20	21	22	23	24	25	26
27	28	29	30			

MAI
L	Ma	Me	J	V	S	D
				1	2	3
4	5	6	7	8	9	10
11	12	13	14	15	16	17
18	19	20	21	22	23	24
25	26	27	28	29	30	31

JUIN
L	Ma	Me	J	V	S	D
1	2	3	4	5	6	7
8	9	10	11	12	13	14
15	16	17	18	19	20	21
22	23	24	25	26	27	28
29	30					

JUILLET
L	Ma	Me	J	V	S	D
		1	2	3	4	5
6	7	8	9	10	11	12
13	14	15	16	17	18	19
20	21	22	23	24	25	26
27	28	29	30	31		

AOÛT
L	Ma	Me	J	V	S	D
					1	2
3	4	5	6	7	8	9
10	11	12	13	14	15	16
17	18	19	20	21	22	23
24	25	26	27	28	29	30
31						

SEPTEMBRE
L	Ma	Me	J	V	S	D
	1	2	3	4	5	6
7	8	9	10	11	12	13
14	15	16	17	18	19	20
21	22	23	24	25	26	27
28	29	30				

OCTOBRE
L	Ma	Me	J	V	S	D
			1	2	3	4
5	6	7	8	9	10	11
12	13	14	15	16	17	18
19	20	21	22	23	24	25
26	27	28	29	30	31	

NOVEMBRE
L	Ma	Me	J	V	S	D
						1
2	3	4	5	6	7	8
9	10	11	12	13	14	15
16	17	18	19	20	21	22
23	24	25	26	27	28	29
30						

DÉCEMBRE
L	Ma	Me	J	V	S	D
	1	2	3	4	5	6
7	8	9	10	11	12	13
14	15	16	17	18	19	20
21	22	23	24	25	26	27
28	29	30	31			

Exercice 3

Bon anniversaire!

Exemple

Quelle est la date de l'anniversaire de Laurent?
C'est le neuf avril.

**Laurent
9 avril**

Florence
5 mars

Sébastien
14 juin

Thierry
27 août

Gaëlle
1 février

Stéphanie
15 juillet

Exercice 4

C'est quand, votre anniversaire?

> **Exemple**
>
> 13.9.   Mon anniversaire, c'est le treize septembre.

1 20.12   **2** 3.4   **3** 30.7   **4** 17.1   **5** 1.11

6 8.5   **7** 21.10   **8** 5.6   **9** 10.2   **10** 16.8

Et vous, c'est quand votre anniversaire?

Exercice 5

Un sondage

Maintenant, à vous! Trouvez la date d'anniversaire de vos camarades de classe. Après, vous pouvez faire un barême graphique.

> **Exemple**
>
> – Quelle est la date de ton anniversaire?
> – C'est le trente août.

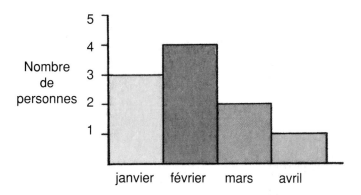

Jenny	30 août
Darren	16 octobre
Wayne	1 avril

Nombre de personnes

5
4
3
2
1

janvier   février   mars   avril

Les jours de la semaine

dimanche
lundi
mardi
mercredi
jeudi
vendredi
samedi

Les fêtes françaises
Voici les dates des fêtes pour 1992:

1 janvier	le Jour de l'An	14 juillet	la Fête Nationale
10 mars	Mardi-Gras	1 novembre	la Toussaint
20 avril	Pâques	11 novembre	la Fête de l'Armistice
1 mai	la Fête du Travail	25 décembre	Noël
31 mai	la Fête des Mères	31 décembre	la Saint-Sylvestre

À la réception de l'Hôtel Ibis

M. Boyaval:	Alors, mademoiselle, je vais remplir la fiche pour vous. Comment vous appelez-vous?
Sandra:	Je m'appelle Sandra.
M. Boyaval:	Ah oui, mais quel est votre nom de famille?
Sandra:	Pardon, mon nom, c'est Metcalfe.
M. Boyaval:	Et quel âge avez-vous?
Sandra:	J'ai dix-sept ans.
M. Boyaval:	Où habitez-vous?
Sandra:	J'habite à Croydon, en Angleterre.
M. Boyaval:	Quelle est votre adresse à Croydon?
Sandra:	Soixante-deux, Linden Close.
M. Boyaval:	Vous êtes Anglaise?
Sandra:	Oui, bien sûr. Voilà mon passeport.
M. Boyaval:	Merci, mademoiselle.

L'Hôtel Ibis

Exercice

6

À la réception

Travaillez avec un(e) partenaire.
Regardez la fiche et faites
un dialogue comme ci-dessus (↑).

```
Fiche de        HÔTEL IBIS
Voyageur  25    rue Henri Dupuis
Ch. No.         62500 SAINT-OMER

NOM:    FISHER
        (écrire en majuscules)
Nom de jeune fille: ____/____
Prénoms:   Anthony David
Né le: 15.1.60  à   Norwich
Département:   Angleterre
            (ou pays pour l'étranger)
Profession:  Dentiste
Domicile habituel:  15, Highfield Rd, Cambridge

NATIONALITÉ    ANGLAISE
```

hotel ibis

Au commissariat de police

Agent:	Alors monsieur. Maintenant vous allez parler, hein? Votre nom de famille?
Vincent:	C-C-C'est V-V-Voyou.
Agent:	Et votre prénom?
Vincent:	V-V-Vincent, monsieur.
Agent:	Vincent Voyou? Quel drôle de nom! Votre âge, Voyou?
Vincent:	Trente-neuf?...non...quarante ans, je crois.
Agent:	Date de naissance?
Vincent:	Je ne sais pas...euh...le premier avril, cinquante-deux.
Agent:	Le premier avril? Naturellement! Lieu de naissance?
Vincent:	P-P-Pardon, monsieur? Répétez, s'il vous plaît.
Agent:	Où êtes-vous né?
Vincent:	À Bijouville, dans le nord-est de la France.
Agent:	Vous êtes de nationalité française, alors?
Vincent:	Oui, monsieur, je suis Français.
Agent:	Votre profession, Vincent?
Vincent:	V-V-Voleur, monsieur.
Agent:	Et votre adresse?
Vincent:	2, rue des F-F-Flics.
Agent:	Rue des F-F-Flics? ...Bon...c'est tout pour le moment.

Exercice

Vincent Voyou
Copiez et remplissez la fiche.

Nom de famille _____

Prénom _____

Âge _____

Date de naissance _____

Né(e) à _____

Nationalité _____

Profession _____

Adresse _____

On se présente

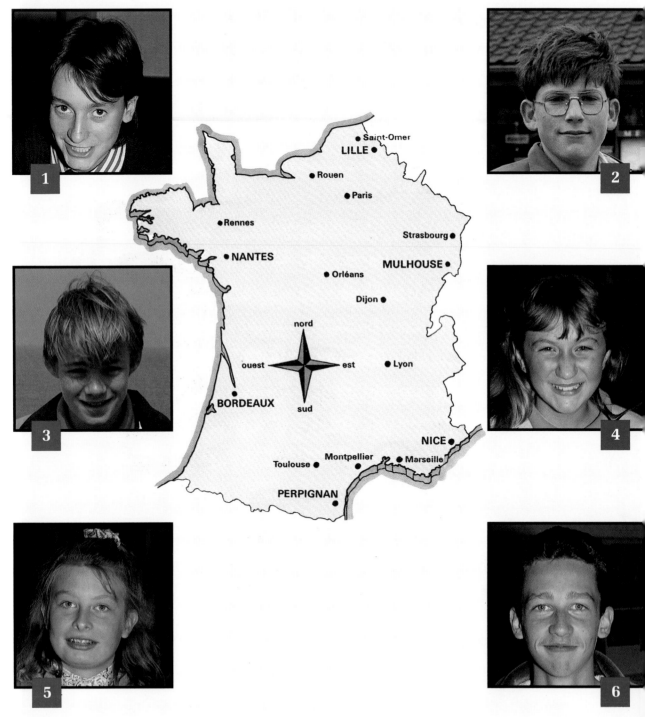

Exercice 8

Qui parle?

Faites correspondre les photos (1–6) à la page 28 et les présentations (A–F) ci-dessous.

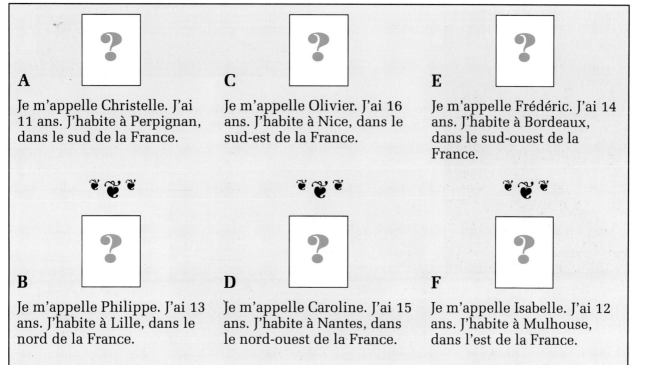

A

Je m'appelle Christelle. J'ai 11 ans. J'habite à Perpignan, dans le sud de la France.

C

Je m'appelle Olivier. J'ai 16 ans. J'habite à Nice, dans le sud-est de la France.

E

Je m'appelle Frédéric. J'ai 14 ans. J'habite à Bordeaux, dans le sud-ouest de la France.

B

Je m'appelle Philippe. J'ai 13 ans. J'habite à Lille, dans le nord de la France.

D

Je m'appelle Caroline. J'ai 15 ans. J'habite à Nantes, dans le nord-ouest de la France.

F

Je m'appelle Isabelle. J'ai 12 ans. J'habite à Mulhouse, dans l'est de la France.

Exercice 9

C'est quelle ville?

Regardez la carte à la page 28 et faites correspondre les phrases.

1 Nantes se trouve   **A** dans le sud-est de la France.

2 Bordeaux est une grande ville   **B** dans le centre de la France.

3 Nice se trouve   **C** dans le nord de la France.

4 Strasbourg est une ville   **D** dans le nord-ouest de la France.

5 Lille se trouve   **E** dans le sud de la France.

6 Perpignan se trouve   **F** dans le nord-est de la France.

7 Orléans est une ville   **G** dans le sud-ouest de la France.

La Picardie

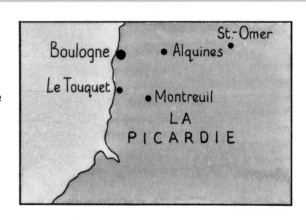

Saint-Omer est une assez grande ville en Picardie dans le nord de la France. La Picardie est une région intéressante.

Boulogne est une ville importante de 80 000 habitants. C'est le premier port de pêche français. C'est aussi une ville historique avec une cathédrale et un château.

Le Touquet se trouve au bord de la mer. Beaucoup de touristes visitent le Touquet en juillet et en août.

Montreuil, c'est une jolie petite ville avec douze hôtels, quatre courts de tennis, une piscine couverte et un camping-caravaning.

Alquines, c'est un petit village à la campagne, près de Saint-Omer.

Maintenant, à vous! Comment est la région où vous habitez? Écrivez un paragraphe sur votre région. Vous pouvez ajouter des photos, si possible.

La Grande-Bretagne

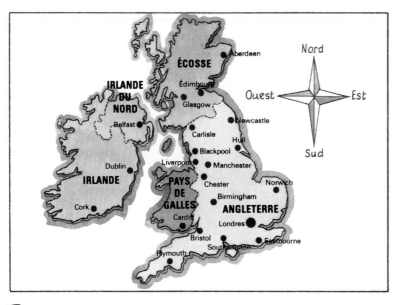

Exercice 10

Où habites-tu?

Travaillez avec un(e) partenaire.

Exemple

Où habites-tu, Tracy?   J'habite à Preston.

Où est Preston?   Dans le nord-ouest de l'Angleterre.

1 **Graham** (Liverpool)
2 **Jacqui** (Carlisle)
3 **Simon** (Hull)
4 **Rebecca** (Norwich)
5 **Philippa** (Southampton)
6 **Andrew** (Plymouth)

Et toi, où habites-tu?
Dans le nord, dans le sud, dans l'est, dans l'ouest?
Dans une ville, dans un village, à la campagne, au bord de la mer?

Exercice 11

Rendez-vous

Darren rencontre une jeune Française. Qu'est-ce qu'il dit?

A Où habites-tu?

B Quel âge as-tu?

C Où est Nantes?

D Merci, Sophie. Tu veux m'accompagner?

E Comment t'appelles-tu?

F Quelle est ton adresse?

G Tu es Française?

H Je suis perdu. Où est le cinéma, s'il te plaît?

Exercice 12

Cherchez l'intrus

Cherchez l'intrus et dites pourquoi.

1 Rouen	Strasbourg	Manchester	Bordeaux
2 Bristol	Montpellier	Carlisle	Eastbourne
3 Rennes	Rouen	Lille	Perpignan
4 Birmingham	Southampton	Glasgow	Blackpool
5 Saint-Omer	Perpignan	Toulouse	Montpellier
6 Hull	Édimbourg	Aberdeen	Glasgow
7 septembre	lundi	mars	avril
8 mardi	mercredi	jeudi	août
9 septembre	avril	juillet	novembre
10 janvier	février	octobre	décembre

Exercice
13

Trouvez les paires

1 Nom de famille	A 25.1.48
2 Prénom	B 30, Pimlico Road, London
3 Âge	C Peter
4 Date de naissance	D Exeter
5 Né(e) à...	E Brown
6 Nationalité	F Dentiste
7 Profession	G 44
8 Adresse	H Britannique

		Je suis perdu(e).
Comment t'appelles-tu?	Comment vous appelez-vous?	Je m'appelle Stephen Jones.
Quel est ton nom?	Quel est votre nom?	Mon nom, c'est Jones.
Quel âge as-tu?	Quel âge avez-vous?	J'ai douze ans.
Tu es Anglais(e)?	Vous êtes Anglais(e)?	Oui, je suis Anglais(e).
Tu es Français(e)?	Vous êtes Français(e)?	Non, je suis Anglais(e).
Où habites-tu?	Où habitez-vous?	J'habite à Lancaster.
Quelle est ton adresse?	Quelle est votre adresse?	Mon adresse, c'est 39, Bowerham Road.
Où est Lancaster?	C'est une grande ville	dans le nord-ouest de l'Angleterre.
Où est Eastbourne?	Eastbourne se trouve au bord de la mer	dans le sud-est de l'Angleterre.
Où est Yelverton?	C'est un village près de Plymouth	dans le sud-ouest de l'Angleterre.
Où habites-tu?	J'habite à la campagne	dans le nord-est de l'Angleterre.

Ma famille et moi

Patrick présente sa famille.

Bonjour! Je m'appelle Patrick. J'ai quinze ans.
J'habite à Orléans dans le centre de la France.

C'est mon père. Il s'appelle Alain. Il
travaille dans une banque.

Voici ma mère. Elle s'appelle
Martine. Elle travaille dans un hôtel.

Voici ma sœur. Elle s'appelle Nicole.
Elle a dix-huit ans.

C'est mon frère. Il s'appelle Frédéric.
Il a neuf ans.

Exercice

14

L'arbre généalogique

Copiez et complétez l'arbre généalogique de la famille Bernet.

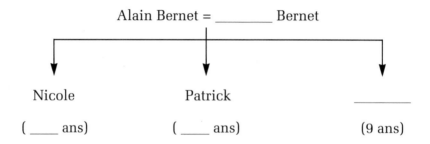

Alain Bernet = _____ Bernet

Nicole   Patrick   _____

(____ ans)   (____ ans)   (9 ans)

Thierry présente sa famille.

J'ai une grande famille, moi. J'ai deux frères.
Ils s'appellent Paul et Olivier.
Ils ont vingt ans et seize ans.

J'ai trois sœurs. Elles s'appellent Sophie,
Nathalie et Katia. Elles ont vingt-deux,
dix-huit et quatorze ans.

Et moi? J'ai dix-neuf ans.

Exercice **15** — *La famille de Thierry*

Dessinez l'arbre généalogique de la famille de Thierry.

Exercice **16** — *La famille de Monique*

Regardez l'arbre généalogique et remplissez les blancs.

Philippe (19)	Monique (17)	Paul (13)	Danielle (11)

Salut! Je m'appelle Monique. J'ai _____
ans. J'ai _____ frères. Ils s'appellent
Philippe et _____ . Ils ont _____ et treize
ans. J'ai _____ sœur. Elle s'appelle
_____ . Elle a _____ ans.

Exercice **17** — *Ma famille*

Combien de frères 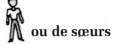 **ou de sœurs** 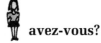 **avez-vous?**

1  **2**  **3**  **4**  **5**

Maintenant, à vous! Présentez votre famille.
Vous pouvez enregistrer votre réponse **ou écrire votre réponse.**

Vous pouvez aussi dessiner l'arbre généalogique de votre famille.

À la maison des jeunes

Jojo rencontre une jeune Anglaise à la maison des jeunes.

Jojo: Bonsoir. Je m'appelle Jojo. Comment t'appelles-tu?

Lindsey: Je m'appelle Lindsey, Lindsey Procter.

Jojo: Lindsey Procter? Tu es Anglaise?

Lindsey: Oui, je suis Anglaise. Je viens de Bristol, dans le sud-ouest de l'Angleterre.

Jojo: Qu'est-ce que tu fais ici?

Lindsey: Je passe deux semaines chez ma correspondante, Nathalie.

Jojo: Ah oui, d'accord. Et qu'est-ce que tu aimes faire? Tu aimes jouer au ping-pong?

Lindsey: Non, je n'aime pas jouer au ping-pong. J'aime écouter les disques et j'aime bien danser.

Jojo: Euh...tu veux aller à la disco samedi, alors? Moi aussi, j'aime danser.

Lindsey: Je veux bien. À samedi, alors.

Jojo: À samedi.

Exercice
18

Vrai ou faux?

Corrigez les réponses fausses.

1 Lindsey est Française.

2 Elle vient de Bristol.

3 Bristol se trouve dans le sud-est de l'Angleterre.

4 Lindsey passe deux semaines chez sa correspondante, Nathalie.

5 Lindsey aime jouer au ping-pong.

6 Elle aime écouter les disques.

7 Elle aime bien danser.

8 Jojo aime danser aussi.

9 Il y a une disco vendredi.

**Maintenant, à vous! Créez des phrases vraies ou fausses
comme ci-dessus (↑).**

Exercice 19

Qu'est-ce que tu aimes faire?

Travaillez avec un(e) partenaire.

Exemple

| Qu'est-ce que tu aimes faire, Sophie? | J'aime aller au cinéma. |

Sophie	Bernard	Pierre

Thierry	**Nicole**	**Martine**

Moi, j'aime regarder les télés!

Et toi, qu'est-ce que tu aimes faire?

Exercice 20

Correspondance

Choisissez un(e) correspondant(e). Dites pourquoi vous l'avez choisi(e).

Exemple

Je voudrais écrire à Martine.
Moi aussi, j'ai un frère et j'aime aller à la disco.

1 Nom: Martine Boyaval
Frères/sœurs: 1 frère (9 ans)
Intérêts: disco, télé

2 Nom: Philippe Boulanger
Frères/sœurs: 1 frère (11 ans)
1 sœur (15 ans)
Intérêts: football, radio

3 Nom: Bernard Bataille
Frères/sœurs: —
Intérêts: basket, cinéma

4 Nom: Nicole Binet
Frères/sœurs: 2 sœurs (18 et 16 ans)
Intérêts: hockey, aller en ville

5 Nom: Pierre Pirot
Frères/sœurs: 2 frères (19 et 17 ans)
2 sœurs (14 et 12 ans)
Intérêts: club, jeux vidéo

6 Nom: Danielle Guyot
Frères/sœurs: 2 frères (8 et 6 ans)
1 sœur (3 ans)
Intérêts: disques, tennis

| Combien de | frères
sœurs | as-tu?
avez-vous? |

| J'ai | un frère.
deux frères.

une sœur.
deux sœurs. |

Je n'ai pas de frères. Je n'ai pas de sœurs.

| Il s'appelle James.
Ils s'appellent James et Andrew. | Elle s'appelle Tracy.
Elles s'appellent Tracy et Karen. |

| Il a douze ans.
Ils ont douze et dix ans. | Elle a quinze ans.
Elles ont quinze et treize ans. |

| Qu'est-ce que | tu aimes
vous aimez | faire? |

J'aime Je n'aime pas	aller	au cinéma. au club. à la disco. en ville.
	écouter	les disques. la radio. le transistor.
	jouer	au basket. au football. au ping-pong.
	regarder	la télé.

Exercice 21

Interview avec Olivier Leblanc

Un reporter du magazine *D'accord* interviewe Olivier Leblanc, champion de tennis. Écoutez l'interview et remplissez la carte d'identité.

Maintenant, à vous! Travaillez avec un(e) partenaire. Imaginez une interview pour le magazine *D'accord* avec votre vedette préférée ou bien une vedette inventée. Vous pouvez enregistrer votre interview.

CARTE D'IDENTITÉ	
Nom:	LEBLANC
Prénom:	OLIVIER
Âge:	
Date d'anniversaire:	
Domicile:	
Frères/sœurs:	
Père:	
Mère:	
Aime:	
N'aime pas:	

Exercice 22

Énigme

Mon premier est dans jardin et aussi dans juin,
mon deuxième est dans mars et aussi dans avril,
mon troisième est dans onze et aussi dans cinq,
mon quatrième est dans ville et aussi dans vingt,
mon cinquième est dans cinéma et aussi dans trois,
mon sixième est dans prénom et aussi dans café,
mon septième est dans avril et aussi dans octobre,

Que suis-je?

Exercice 23

SERGE SERPENT

Combien de mots pouvez-vous trouver?

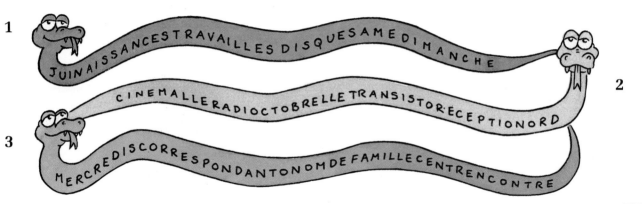

1 JUINAISSANCESTRAVAILLESDISQUESAMEDIMANCHE

2

CINEMALLERADIOCTOBRELLETRANSISTORECEPTIONORD

3 MERCREDISCORRESPONDANTONOMDEFAMILLECENTRENCONTRE

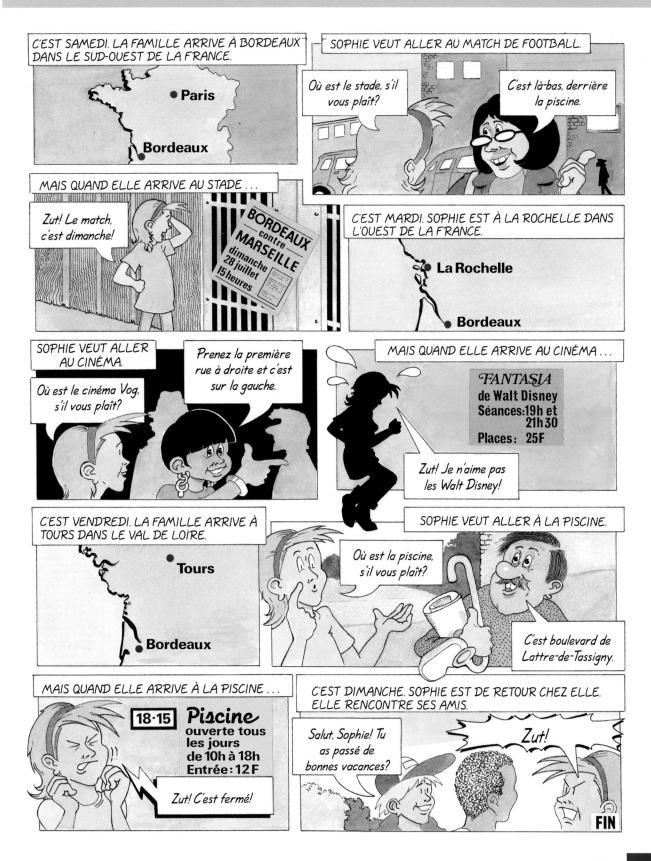

Qu'est-ce que vous prenez?

J'ai soif

Exercice 1

Vous comprenez?

Complétez les phrases.

1 Olivier voudrait _____

2 Florence prend _____

3 Céline voudrait _____

4 Christophe voudrait _____

5 Frédéric prend _____

6 Sophie prend _____

7 Patrick voudrait _____

8 Nathalie voudrait _____

9 Laurent prend _____

10 Christelle prend _____

un café	un café-crème	un citron pressé	un coca	un jus de fruits
un orangina	un thé	un thé au lait	une bière	une limonade

Exercice 2

Dialogues à deux

Travaillez avec un(e) partenaire.

Exemple

– Monsieur/Mademoiselle, s'il vous plaît!

– Bonjour, monsieur/mademoiselle. Vous désirez?

– Je voudrais une bière, s'il vous plaît.

1

2

3

4

5

6

7

8

9

C'est combien?

BOISSONS PILOTES		
CATÉGORIE	cl	PRIX
CAFÉ LA TASSE		4,50
CAFÉ-CRÈME		8,40
CITRON PRESSÉ		10,80
EAU MINÉRALE	20	4,90
JUS DE FRUITS	25	9,60
LIMONADE	25	8,20
ORANGINA	25	9,70
BIÈRE	25	9,30

40 quarante
50 cinquante
60 soixante
70 soixante-dix
80 quatre-vingts
90 quatre-vingt-dix
100 cent

Exercice 3

C'est combien?

Travaillez avec un(e) partenaire. Regardez le tarif ci-dessus (↑).

Exemple

– Une eau minérale, s'il vous plaît. C'est combien?
– C'est quatre francs quatre-vingt-dix.

1

4

7

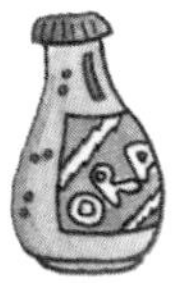

2

5

8

3

6

CONSOMMATIONS COURANTES	cl	COMPTOIR
CAFE la tasse	8	4 F 30
BIERE 1/2 pression	25	7 F 00
BIERE la bouteille	25	7 F 50
EAU MINERALE	25	7 F 0
" " GAZEUSE	25	8 F 0
JUS de FRUITS	12	8 F 0
SODA		8 F 0
APERITIF ANISE	2	7 F 5
SANDWICH		8 F 50
PLAT DU JOUR		

Maintenant, à vous! Travaillez avec un(e) partenaire. Vous travaillez au café-bar. Le patron (la patronne) décide de changer les prix. Notez les nouveaux prix.

Exercice 4

Au café-bar

Travaillez avec un(e) partenaire pour compléter les conversations.

Garçon (Serveuse):	Bonjour, monsieur (mademoiselle). Qu'est-ce que vous prenez?
Client(e):	(a) ☐ + (b) ☐ + (c) ☐ +
Garçon (Serveuse):	Oui, monsieur (mademoiselle)...voilà.
Client(e):	?F
Garçon (Serveuse):	(a) 20 F 10 (b) 18 F (c) 14 F 60
Client(e):	Merci, monsieur (mademoiselle).

Exercice 5

Ça fait combien?

Complétez l'addition. (Regardez le tarif à la page 44.)

1

1 limonade
1 bière
TOTAL
PRIX NETS

2

1 citron pressé
1 jus de fruits
TOTAL
SERVICE NON COMPRIS

3

1 café
1 limonade
1 jus de fruits
TOTAL
SERVICE 12% COMPRIS

4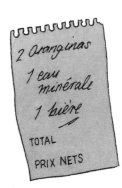

2 Oranginas
1 eau minérale
1 bière
TOTAL
PRIX NETS

Monsieur! Madame! Mademoiselle!	s'il vous plaît.	Un café (au lait) Un café-crème Un citron pressé Un coca (-cola) Un jus de fruits Un orangina Un thé (au lait) Une bière Une eau minérale Une limonade	s'il vous plaît.
Qu'est-ce que vous	prenez? désirez?		
Vous désirez?			
C'est combien?			

Quel parfum?

A

Fraise — Vanille
Cassis — Café
Abricot — Chocolat
Pomme — Raisin Rhum
Poire — Pistache
Framboise — Praliné

1 *Thierry:* Je voudrais une glace, s'il vous plaît.

Marchand: Quel parfum? Fraise, vanille, chocolat, café...?

Thierry: Une glace au chocolat, s'il vous plaît.

Marchand: Voilà. C'est six francs cinquante.

2 *Sylvie:* Une glace, c'est combien?

Marchand: Six francs cinquante.

Sylvie: Donnez-moi une glace à la fraise, s'il vous plaît.

Marchand: Voilà, mademoiselle. Merci.

3 *Jean-Paul:* Je voudrais une glace à la vanille, s'il vous plaît.

Marchand: Une boule seulement?

Jean-Paul: Non. Deux boules, s'il vous plaît.

Marchand: Voilà. C'est douze francs.

Exercice 6

Dialogues à deux

Travaillez avec un(e) partenaire pour faire des conversations chez le marchand de glaces. Regardez la liste de parfums à droite (→).

B

Glace détail
Cassis — Caramel blond
Poire — fraise fraîche
Pomme verte — Vanille
Chocolat brun — Citron vert
Mûre framboise — chocolat noix
Iodé — Moka fin

Exercice 7

Où sont les personnes qui parlent?

Écoutez les conversations. Où sont les personnes qui parlent? Chez le marchand de glaces A ou B?

Exercice 8

Enquête sur la glace

Travaillez en groupes de cinq ou six personnes.
Trouvez le parfum préféré de chaque personne.

Exemple

Qu'est-ce que tu préfères comme glace? Je préfère la glace au chocolat.

Dressez une liste des parfums préférés du groupe, et puis de la classe.

Exercice 9

C'est quel parfum?

Il fait chaud et il fait du soleil. Trouvez les parfums.

Au café-restaurant

J'ai faim

1 *Garçon:* Bonjour, monsieur. Vous désirez?

Marc: Un croque-monsieur, s'il vous plaît.

Garçon: Je regrette, monsieur. Il n'y en a pas.

Marc: Donnez-moi un sandwich au fromage, alors.

Garçon: Oui, monsieur. Tout de suite.

2 *Nicole:* Mademoiselle! Un hot-dog, s'il vous plaît.

Serveuse: Désolée, mademoiselle. Il n'y en a plus.

Nicole: Je prends un sandwich au jambon, alors.

Serveuse: Oui, mademoiselle. Et comme boisson?

Nicole: Une bière, s'il vous plaît.

3 *Christophe:* Madame, s'il vous plaît.

Serveuse: Oui, jeune homme?

Christophe: J'ai faim. Encore des frites, s'il vous plaît.

Serveuse: Oui, et comme boisson?

Christophe: Euh, encore un coca, s'il vous plaît.

+

+

Exercice 10

Ça suffit?

Non? Qu'est-ce que vous prenez?

Exemple

Encore une limonade, s'il vous plaît.

1

2

3

4

5

6

7

8

Exercice 11

Il n'y en a pas!

Travaillez avec un(e) partenaire.

Exemple

Vous:	Un hot-dog, s'il vous plaît.
Garçon (Serveuse):	Il n'y en a pas. (Il n'y en a plus.)
Vous:	Un sandwich au jambon, alors.

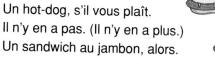

1

2

3

4

C'est tout

1 Monsieur, s'il vous plaît!...C'est tout. L'addition, s'il vous plaît.

2 Voilà, madame. Un hot-dog avec des frites et un café au lait, ça fait vingt-neuf francs cinquante.

3 Merci, monsieur, et voilà. Euh...où sont les toilettes, s'il vous plaît?

4 Les toilettes? Là-bas, madame.

Où sont les toilettes?

Là-bas.	
Au fond.	

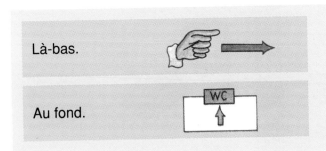

À l'extérieur.

Exercice 12

Au café-restaurant

Travaillez avec un(e) partenaire pour compléter les conversations.

Garçon (Serveuse): Bonjour, monsieur (mademoiselle). Vous désirez?

Client(e): (a) (b)

Garçon (Serveuse): Voilà, monsieur (mademoiselle). C'est tout?

Client(e): (a)  (b)

Garçon (Serveuse): Je regrette, monsieur (mademoiselle). Il n'y en a pas.

Client(e): (a)  (b)

Garçon (Serveuse): Tout de suite, monsieur (mademoiselle).

Client(e):

Garçon (Serveuse): (a) Au fond. (b) À l'extérieur.

Exercice 13

Mots brouillés

Qu'est-ce qu'on prend?

> *Exemple*
> F.ACE = café

1 E. FIRST

2 T. H. GOOD

3 RON A. GAIN

4 WIN D. CASH

5 DAN O. MILE

6 SCOT S. RAIN

7 ALI A. FAUCET

8 RON C. QUIRE-MOUSE

9 ROSE T. PINCERS

10 JUSTUS D. FIRE

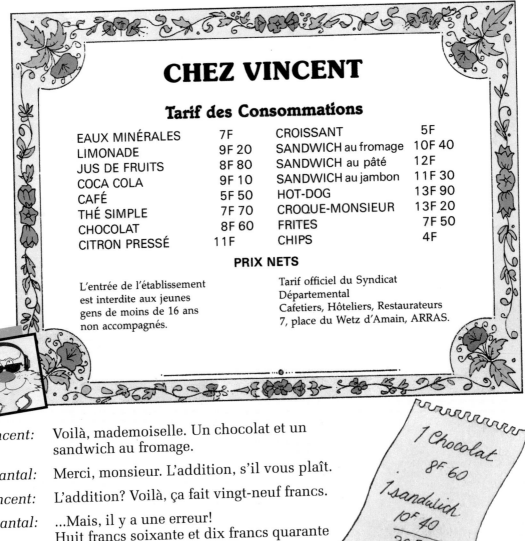

CHEZ VINCENT

Tarif des Consommations

EAUX MINÉRALES	7F	CROISSANT	5F
LIMONADE	9F 20	SANDWICH au fromage	10F 40
JUS DE FRUITS	8F 80	SANDWICH au pâté	12F
COCA COLA	9F 10	SANDWICH au jambon	11F 30
CAFÉ	5F 50	HOT-DOG	13F 90
THÉ SIMPLE	7F 70	CROQUE-MONSIEUR	13F 20
CHOCOLAT	8F 60	FRITES	7F 50
CITRON PRESSÉ	11F	CHIPS	4F

PRIX NETS

L'entrée de l'établissement est interdite aux jeunes gens de moins de 16 ans non accompagnés.

Tarif officiel du Syndicat Départemental Cafetiers, Hôteliers, Restaurateurs 7, place du Wetz d'Amain, ARRAS.

Vincent: Voilà, mademoiselle. Un chocolat et un sandwich au fromage.

Chantal: Merci, monsieur. L'addition, s'il vous plaît.

Vincent: L'addition? Voilà, ça fait vingt-neuf francs.

Chantal: ...Mais, il y a une erreur! Huit francs soixante et dix francs quarante font dix-neuf francs.

Vincent: Oh! pardon, mademoiselle. Je m'excuse!

1 Chocolat 8F 60
1 sandwich 10F 40
29F

Il y a une erreur!

Exercice 14

Il y a une erreur?

Exemple

Pardon, monsieur. Il y a une erreur! Ça fait dix-huit francs.

1 limonade 9F 20
1 jus de fruits 8F 80
20F

1

1 eau minérale 7F
1 croissant 5F
—
1 chocolat 8F 60
1 croque-monsieur 13F 20
14F

4

22F

2

1 chips 4F
1 café 5F 50
10F 50
1 thé 7F 70
1 sandwich au jambon 11F 30
20F

5

3

1 sandwich au pâté 12F
1 citron pressé 11F
24F
2 colas 18F 20
2 frites 15F
35F 20

6

Encore du lait, s'il vous plaît.

Vous désirez?

(Encore)	un croissant un croque-monsieur un hot-dog un sandwich au fromage au jambon des chips des frites	s'il vous plaît.

Une glace, s'il vous plaît.	Quel parfum?	Fraise. Vanille. Chocolat.

Il n'y en a pas./Il n'y en a plus.

L'addition, s'il vous plaît.

Ça fait ... francs ...

Exercice 15

Au café-restaurant

Écoutez les conversations et faites des dialogues au café-restaurant avec un(e) partenaire.

1    ✔

2 +  ?F

3 chocolat? fraise? vanille? citron?

4

2 chocolats	12 F 00
2 croque-monsieur	30 F 00
1 café	5 F 50
1 sandwich	13 F 00
1 thé	7 F 50
1 hot-dog	12 F 00
	90 F 00

 ? = 80 F 00

Maintenant, à vous! Travaillez avec un(e) partenaire pour inventer des dialogues au café-restaurant. Vous pouvez enregistrer vos dialogues.

Exercice 16

Il pleut!

Complétez le tarif.

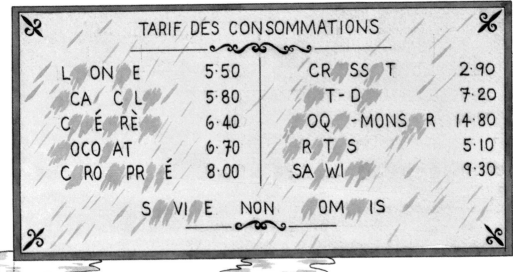

TARIF DES CONSOMMATIONS

L ON E 5·50 CR SS T 2·90
CA C L 5·80 T-D 7·20
C É RÈ 6·40 OQ -MONS R 14·80
OCO AT 6·70 R T S 5·10
C RO PR É 8·00 SA WI 9·30

S VI E NON OM IS

On va prendre quelque chose?

Qu'est-ce qu'on prend?

aux crus du layon *BAR ❦ CAFÉ ❦ CRÊPERIE*	Au *bar* Marc prend un vin rouge.
CAFÉ DE L'HARMONIE *Salle pour Réunions et Banquets* 10, place du Mal-Foch **62500 St-Omer Tél: 21.38.09.44**	Au *café* Mme Duflos prend un café-crème et un sandwich. 
LE FESTIVAL Restaurant Salon de thé	Au *salon de thé* Martine prend une boisson chaude et un gâteau.
«AU SAINT-LAURENT» • M. et Mme Calonne Brasserie Café Restaurant **84 a. Av. du Général-de-Gaulle** **62510 Arques Tél: 21.38.30.28**	À la *brasserie* Pierre prend une bière et un steak-frites.
Café Tabacs Restaurant Journaux **Au Petit Saint-Pierre** Salles pour réunions et banquets **26–27, quai du Haut-Pont** **62500 St-Omer** **21.38.01.44**	Au *restaurant* M. Binet prend un repas.

Un restaurant

Un salon de thé

Exercice 17

Ça fait combien?

Exemple

treize et dix et seize – ça fait trente-neuf.

13 + 10 + 16 = 39

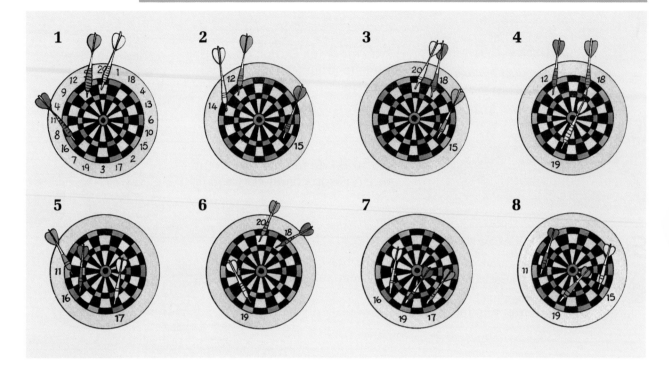

Exercice 18

Jeux de calculatrice

Prenez votre calculatrice et faites les calculs suivants:

1 seize + trente-quatre ÷ dix × sept

2 quarante-huit − trente × huit ÷ douze

3 quatre-vingts + soixante × six ÷ quatorze

4 neuf × vingt et un + cinquante et un ÷ vingt-quatre

5 quatre-vingt-dix − cinquante-quatre ÷ dix-huit × trente-cinq

6 soixante-cinq × quinze ÷ vingt-cinq + dix-neuf

7 soixante-dix × quarante ÷ cent + trente-sept

8 treize + cinquante-cinq × onze ÷ vingt-deux

Exercice 19

C'est combien?

Écoutez les conversations au café-restaurant et notez les prix.

Exercice 20

Jeu de lettres

Prenez la lettre indiquée, puis rangez les lettres pour trouver une boisson.

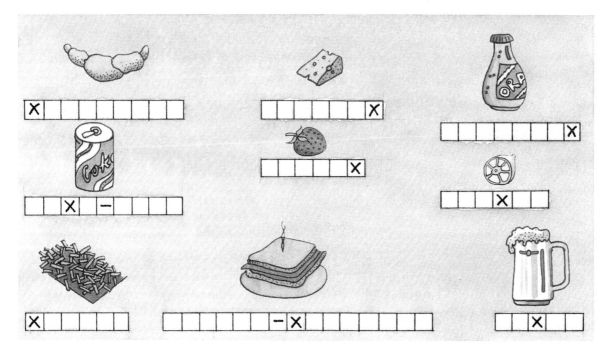

Et avec ça?

Au marché

POMMES
12ᶠ
le kg

POIRES
13ᶠ 60
le kg

PÊCHES
12ᶠ 40
le kg

ORANGES
14ᶠ
le kg

BANANES
14ᶠ 80
le kg

TOMATES
13ᶠ
le kg

ANANAS
18ᶠ
la pièce

MELONS
15ᶠ
la pièce

FRAISES
14ᶠ 50
le kg

RAISINS
16ᶠ
le kg

Exercice 1

Au marché

Écoutez les conversations au marché. Qu'est-ce qu'on achète?

> *Exemple*
>
> **1** 1 kg pêches

Exercice 2

Vous désirez?

Travaillez avec un(e) partenaire.

> *Exemple*
>
> *Marchand(e):* Vous désirez?
> *Client(e):* Un kilo de poires, s'il vous plaît.

1 kg   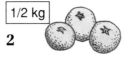   1/2 kg   2 kg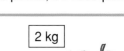

1   **2**   **3** 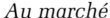   **4**

1/2 kg    1 kg 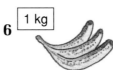   1/2 kg

5   **6**   **7**   **8**

Et avec ça?

Marchand:	Bonjour, mademoiselle. Vous désirez?
Martine:	Je voudrais un kilo d'oranges, s'il vous plaît.
Marchand:	Un kilo d'oranges...voilà. Et avec ça?
Martine:	Vous avez des poires?
Marchand:	Oui, mademoiselle. Combien en voulez-vous?
Martine:	Un demi-kilo, s'il vous plaît.
Marchand:	Voilà, mademoiselle. Et avec ca?
Martine:	C'est tout, merci. Ça fait combien?
Marchand:	Treize francs trente.
Martine:	Voilà cinquante francs.
Marchand:	Merci, mademoiselle.

Exercice

3

Dialogues à deux

Travaillez avec un(e) partenaire pour faire des dialogues.

Exemple

– Vous désirez, monsieur/mademoiselle?
– Vous avez des poires?
– Oui, monsieur/mademoiselle. Combien en voulez-vous?
– Un demi-kilo, s'il vous plaît.

1  1 kg

2  $\frac{1}{2}$ kg

3  2 kg

4  $\frac{1}{2}$ kg

Exercice

4

Au marché

Travaillez avec un(e) partenaire.

Marchand(e): Bonjour, mademoiselle (monsieur). Vous désirez?

Client(e): (a) | 1 kg | (b) | 1 kg |

Marchand(e): Voilà, mademoiselle (monsieur). Et avec ça?

Client(e): (a)    ? (b)    ?

Marchand(e): Oui, mademoiselle (monsieur). Combien en voulez-vous?

Client(e): (a) | 2 kg | (b) | 1/2 kg |

Marchand(e): Voilà. Et avec ça?

Client(e): | X | | ? F |

Marchand(e): a) 24 F 50. (b) 17 F 20.

Client(e): (a)    (b)

Marchand(e): Merci, mademoiselle (monsieur).

Vous désirez?

Vous avez	des pommes?  des pêches?			
Je voudrais	un ananas, un melon, une pomme, une pêche,			s'il vous plaît.
	un kilo un demi-kilo une livre ...kilos	de	bananes, fraises, poires, raisins, tomates,	

L'argent français

Voici des billets:

Un billet de cinq cents francs

Un billet de cinquante francs

Un billet de cent francs

Un billet de vingt francs

Voici des pièces:

un franc

deux francs

cinq francs

dix francs

cinquante centimes

vingt centimes

dix centimes

cinq centimes

Exercice 5

C'est combien?

Exemple

7 F 50   C'est sept francs cinquante.

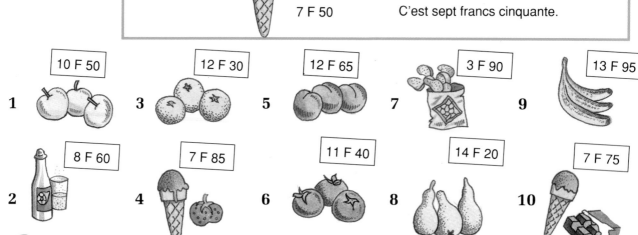

10 F 50

1

12 F 30

3

12 F 65

5

3 F 90

7

13 F 95

9

8 F 60

2

7 F 85

4

11 F 40

6

14 F 20

8

7 F 75

10

Exercice 6

Ça fait combien?

Exemple

Ça fait deux francs vingt.

1

2

3

4

5

6

7

tomate 8,00 kg

À l'épicerie

Marchand:	Bonjour, mademoiselle. Vous désirez?
Cliente:	Une tablette de chocolat, s'il vous plaît... une tablette comme ça.

Marchand:	Voilà, mademoiselle. Et avec ça?
Cliente:	Je voudrais du coca...une grande bouteille, s'il vous plaît.

Marchand:	C'est tout?
Cliente:	Non, je voudrais aussi un paquet de biscuits.
Marchand:	Un paquet comme ça?
Cliente:	Non, un petit paquet, s'il vous plaît.
Marchand:	Alors, ça fait quinze francs soixante-cinq.
Cliente:	Voilà cent francs.
Marchand:	Cent francs? Vous avez la monnaie?
Cliente:	Ah non, je regrette.

Exercice
7

Grand ou petit?
Travaillez avec un(e) partenaire.

Exemple

Client(e):	Une bouteille de coca, s'il vous plaît.
Marchand(e):	Une bouteille comme ça?
Client(e):	Non, une petite bouteille, s'il vous plaît.

1 **2** **3** **4** **5**

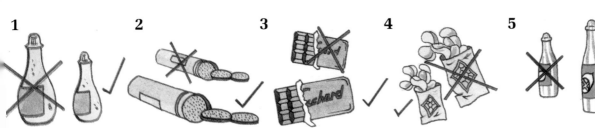

À l'alimentation générale

Exercice

8

Trouvez les différences

Exemple

Sur le premier dessin, un kilo de pommes, c'est dix francs.
Sur le deuxième dessin, un kilo de pommes, c'est douze francs.

1

2

À la boulangerie-pâtisserie

1

Tracy:	Bonjour, monsieur. Vous avez des croissants?
Boulanger:	Je regrette, mademoiselle. Je n'en ai plus.
Tracy:	Et cela, qu'est-ce que c'est?
Boulanger:	C'est un pain au chocolat, mademoiselle.
Tracy:	Mmm, j'adore le chocolat. Je prends cinq pains au chocolat, s'il vous plaît.
Boulanger:	Voilà, mademoiselle. Ça fait dix-sept francs cinquante.

3 F 50

2

Stephen:	Bonjour, madame. Une baguette, s'il vous plaît.
Boulangère:	Voilà, monsieur. Et avec ceci?
Stephen:	Je voudrais un gâteau comme ça
Boulangère:	Un gâteau au chocolat?
Stephen:	Oui, c'est ça.
Boulangère:	Grand ou petit, monsieur?
Stephen:	Grand, s'il vous plaît. Ça fait combien?
Boulangère:	Une baguette et un grand gâteau, ça fait quarante-trois francs, s'il vous plaît.
Stephen:	Merci, madame.

?

Exercice
9

Vrai ou faux?
Corrigez les réponses fausses.

1 Tracy est à la boulangerie-pâtisserie.
2 Elle achète des croissants.
3 Tracy n'aime pas le chocolat.
4 Elle prend cinq pains au chocolat.
5 Ça fait 17 F 40.
6 Stephen achète deux baguettes.
7 Il voudrait aussi un gâteau.
8 Il prend un petit gâteau au chocolat.
9 Ça fait 43 F.

Exercice 10

Je n'en ai pas

Travaillez avec un(e) partenaire.
Copiez la grille et choisissez trois numéros.

1	2 ✓	3	4
5	6	7 ✓	8
9 ✓	10	11	12

1	2	3	4
5	6	7	8
9	10	11	12

Répondez aux questions de votre partenaire.

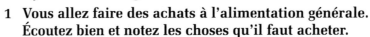

Exemples

Client(e):	Vous avez des poires?
Marchand(e):	Je n'en ai pas/Je n'en ai plus.
Client(e):	Vous avez des croissants?
Marchand(e):	Oui. Voilà, monsieur (mademoiselle).

Exercice 11

On fait les magasins

1 **Vous allez faire des achats à l'alimentation générale. Écoutez bien et notez les choses qu'il faut acheter.**

2 **Travaillez avec un(e) partenaire pour faire un dialogue à l'alimentation. Voici les prix. Vous pouvez enregistrer votre dialogue.**

POMMES Golden	13 F le kg	LAIT UHT	5 F 85 le litre
BANANES Côte d'Ivoire	14 F le kg	THÉ au jasmin	39 F 50 la boîte
ORANGES Espagnoles	10 F le kg	CHOCOLAT Poulain	15 F 90 les 3
ANANAS pièce	15 F	CROISSANTS au beurre	19 F 95 les 12

Au tabac

1

Marchand:	Vous désirez, mademoiselle?
Tracy:	C'est combien, une carte postale, s'il vous plaît?
Marchand:	Deux francs cinquante.
Tracy:	Bon. Je prends quatre cartes. Et je voudrais aussi des timbres pour l'Angleterre.
Marchand:	Combien de timbres voulez-vous?
Tracy:	Comment?
Marchand:	Vous désirez quatre timbres?
Tracy:	Oui, monsieur. Quatre timbres pour les cartes postales.
Marchand:	Alors, quatre cartes et quatre timbres, ça fait dix-neuf francs vingt.

2

Stephen: Regardez! Des souvenirs de Saint-Omer –

des poupées,   des T-shirts,   des chocolats,   des bonbons...

Marchande:	Hé! Ne touchez pas, s'il vous plaît!
Stephen:	Pardon, madame. Je voudrais des bonbons comme ça.
Marchande:	Combien en voulez-vous? Cinquante grammes ou cent grammes?
Stephen:	Cent grammes, s'il vous plaît. C'est pour ma mère.
Marchande:	C'est pour offrir? Alors, je vais vous faire un paquet-cadeau.

Exercice

12

Répondez aux questions, s'il vous plaît.

1 Où est Tracy?

2 C'est combien, une carte postale?

3 Combien de timbres est-ce que Tracy achète?

4 Ça fait combien en tout?

5 Qu'est-ce que Stephen regarde?

6 Qu'est-ce que Stephen achète?

Exercice 13

Dialogues à deux

Travaillez avec un(e) partenaire pour faire des dialogues aux magasins.

1   Au marché

Client(e)

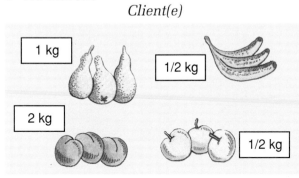

Marchand(e)

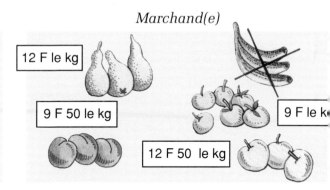

2   À l'épicerie

Client(e)

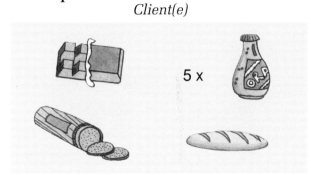

Marchand(e)

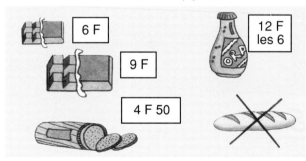

Maintenant, à vous! Travaillez avec un(e) partenaire pour inventer des dialogues aux magasins. Vous pouvez enregistrer vos dialogues.

Exercice 14

La liste de provisions

Vous avez déchiré votre liste de provisions par erreur. Essayez de la refaire.

Exercice 15

Où sont les personnes qui parlent?

Écoutez les conversations.
Où sont les personnes qui parlent?

D

C

A

B

F

E

Exercice 16

Faites un dialogue

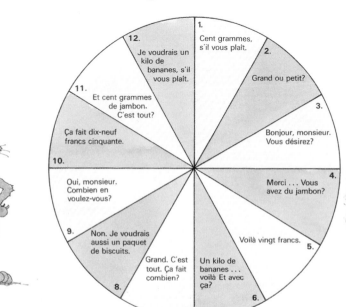

1. Cent grammes, s'il vous plaît.

2. Grand ou petit?

3. Bonjour, monsieur. Vous désirez?

4. Merci ... Vous avez du jambon?

5. Voilà vingt francs.

6. Un kilo de bananes ... voilà Et avec ça?

7.

8. Grand. C'est tout. Ça fait combien?

9. Non. Je voudrais aussi un paquet de biscuits.

10. Oui, monsieur. Combien en voulez-vous?

11. Et cent grammes de jambon. C'est tout?

    Ça fait dix-neuf francs cinquante.

12. Je voudrais un kilo de bananes, s'il vous plaît.

Aux magasins

Qu'est-ce que cela veut dire?

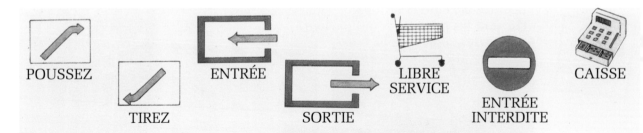

POUSSEZ
TIREZ
ENTRÉE
SORTIE
LIBRE SERVICE
ENTRÉE INTERDITE
CAISSE

Un	grand petit	paquet de biscuits			
Une	grande petite	bouteille de d'	coca limonade orangina	s'il vous plaît.	
Une	grande petite	tablette de chocolat			
Je voudrais	un, une... un paquet une bouteille	comme ça			

Vous désirez?
Et avec ça?
Combien (en voulez-vous)?
Je n'en ai pas.
Voilà.
C'est tout?
Vous avez la monnaie?
C'est pour offrir?
Ne touchez pas,
    s'il vous plaît.

Cinquante grammes Cent grammes ...grammes	de	bonbons chocolats.

Un (des) croissant(s).
Un (des) gâteau(x).
Un (des) pain(s) au chocolat.
Un (des) timbre(s) pour l'Angleterre.
Une (des) baguette(s).
Une (des) carte(s) postale(s).

Maintenant, à vous! Vous allez faire un pique-nique avec des amis. Imaginez la conversation. Qu'est-ce que vous allez manger? Qui va apporter les boissons, les fruits, les sandwichs...? Vous pouvez enregistrer la conversation.

Qu'est-ce que c'est?
Comment?
C'est ça.
C'est tout.
C'est combien?

Exercice
17

SERGE SERPENT

Combien de mots pouvez-vous trouver?

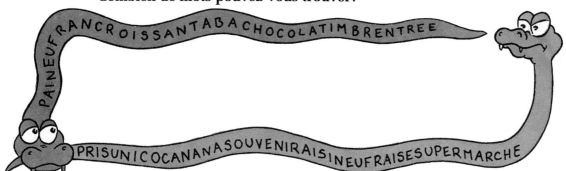

1   PAINEUFRANCROISSANTABACHOCOLATIMBRENTREE

2   PRISUNICOCANANASOUVENIRAISINEUFRAISESUPERMARCHE

Maintenant, à vous! Inventez un nouveau serpent.

Quelle heure est-il?

Il est...

04 00	quatre heures	
08 00	huit heures	
14 00	quatorze heures	
20 00	vingt heures	
03 10	trois heures dix	
09 20	neuf heures vingt	
12 30	douze heures trente	
16 40	seize heures quarante	
22 50	vingt-deux heures cinquante	

Exercice 18

Quelle heure est-il?

1 **10 00**	**18 20** 2
3 **09 40**	**21 10** 4
5 **13 50**	**06 00** 6
7 **23 50**	**15 20** 8
9 **19 30**	**07 40** 10

Il est...

A dix-huit heures vingt.

B vingt et une heures dix.

C six heures.

D dix heures.

E dix-neuf heures trente.

F vingt-trois heures cinquante.

G neuf heures quarante.

H treize heures cinquante.

I sept heures quarante.

J quinze heures vingt.

Exercice 19

Ouvert ou fermé?

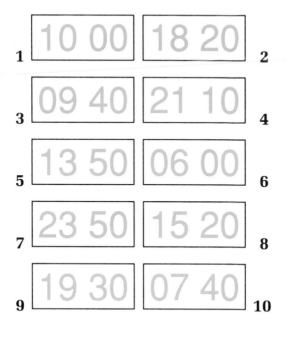

C'est ouvert ou fermé?

PRISUNIC

Ouvert le matin
de 8 H à
12 H 30
l'après-midi de
15 H
à 19 H 30

1 Il est 07.00. Le Prisunic, c'est...

2 Il est 12.00. C'est...

3 Il est 15.30. C'est...

4 Il est 19.40. ...

MONOPRIX

Ouvert
du lundi au samedi

9 H 00 – 12 H 30
14 H 00 – 19 H 00

1 Il est 09.30. Le Monoprix, c'est...

2 Il est 12.50. C'est...

3 Il est 13.00. ...

4 Il est 18.20. ...

MUSEE
DE
L'HOTEL SANDELIN

PEINTURE
ARCHEOLOGIE
CERAMIQUE
PIPES
ARMES
MOBILIER
OBJETS D'ART

le musée est ouvert les :

mercredi   de 10h à 12h et 14h à 18h
jeudi   de 10h à 12h et de 14h à 17h
vendredi   de 10h à 12h et de 14h à 17h
samedi   de 10h à 12h et de 14h à 18h
dimanche   de 10h à 12h et de 14h à 18h

Karine **Patrick**

Karine fait des achats

Sophie

Jojo

C'EST MERCREDI. KARINE VA EN VILLE POUR FAIRE DES ACHATS. ELLE Y VA EN AUTOBUS.

DANS L'AUTOBUS KARINE REGARDE LA LISTE QUE SA MÈRE LUI A DONNÉE.

> Au revoir, maman!

PLACE DU MARTROI 46

> 6 croissants
> 2kg poires
> 1 gâteau au chocolat
> 4 timbres

D'ABORD ELLE VA À LA BOULANGERIE OÙ ELLE RENCONTRE PATRICK.

EN ATTENDANT SON TOUR KARINE PARLE À PATRICK.

> Salut, Patrick! Ça va?

BOULA

> Ça va, merci. Qu'est-ce que tu fais ici?

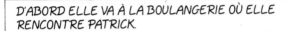

> Je fais des achats pour ma mère. Et toi?

> Moi aussi. Je déteste faire les achats.

ENFIN C'EST LE TOUR DE KARINE.

> Six croissants, s'il vous plaît.

> Je regrette, mademoiselle. Je n'en ai plus.

KARINE QUITTE LA BOULANGERIE ET VA À L'ÉPICERIE.

ÉPICERIE CENTRALE

BOULANGERIE AU BON FOUR

À L'ÉPICERIE ELLE RENCONTRE SOPHIE.

> Salut, Sophie. Tu fais les achats, toi aussi?

> Oui, ma mère a besoin de chocolat pour faire un gâteau.

DEUX MINUTES PLUS TARD C'EST LE TOUR DE KARINE.

> Je voudrais deux kilos de poires, s'il vous plaît.

> De poires? Nous n'en vendons pas. Il faut aller au marché.

KARINE EST DÉÇUE.

C'est ça, mademoiselle.

Mais c'est mercredi. Le jour de marché c'est samedi.

KARINE QUITTE L'ÉPICERIE ET SE REND À LA PÂTISSERIE.

PÂTISSERIE LE DÉLICE

ÉPICERIE CENTRALE

ENFIN C'EST LE TOUR DE KARINE.

Un gâteau au chocolat, s'il vous plaît.

Désolée, mademoiselle. J'ai seulement des gâteaux au café.

À LA PÂTISSERIE ELLE RENCONTRE JOJO.

Salut, Jojo. Qu'est-ce que tu fais cet après-midi?

Moi, j'ai mon cours de clarinette. Tant pis!

KARINE QUITTE LA PÂTISSERIE ET SE DIRIGE VERS LA POSTE.

MAIS QUAND ELLE Y ARRIVE ... LA POSTE EST FERMÉE.

PÂTISSERIE LE DÉLICE

PTT

PTT LA POSTE

ZUT!

FERMÉ

HEURES D'OUVERTURE
9.00 — 12.00
14.00 — 17.00

KARINE VA À LA GARE ROUTIÈRE. EN ROUTE ELLE RENCONTRE SES AMIS AU CAFÉ.

Salut, Karine.

KARINE ACHÈTE DES BOISSONS.

Un coca, un orangina et deux cafés. C'est combien, s'il vous plaît?

Ça fait 40F, mademoiselle.

KARINE RENTRE À LA MAISON EN AUTOBUS. DANS L'AUTOBUS ELLE REGARDE LA LISTE.

6 croissants X
2kg poires X
1 gâteau au chocolat X
timbres X

Tu n'as rien acheté! Et mon argent?

ELLE N'A RIEN ACHETÉ. SA MÈRE N'EST PAS CONTENTE.

FIN

Euh ... voilà. Mais j'ai payé 40F au café.

Il faut changer?

À la gare routière

Exercice 1

C'est quelle ligne?

Travaillez avec un(e) partenaire.

> **Exemples**
>
> – Je veux aller au centre-ville.
>   C'est quelle ligne, s'il vous plaît?
> – Prenez la ligne numéro vingt-neuf.
> – Je veux aller à la gare.
>   C'est quelle ligne, s'il vous plaît?
> – Prends la ligne numéro quinze.

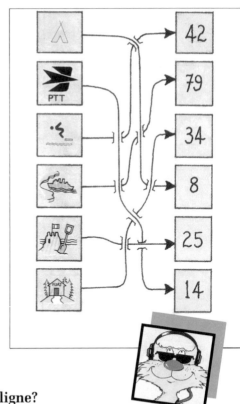

Exercice 2

À la gare routière

Écoutez les conversations. C'est quelle ligne?

SYNDICAT D'INITIATIVE		**CINÉMA REX**		**MUSÉE SANDELIN**	
COMMISSARIAT DE POLICE		**STADE MUNICIPAL**		**JARDIN PUBLIC**	

Exercice

3

Où est-ce que je descends?

A Travaillez avec un(e) partenaire.

Exemple

Vous: Je veux aller au cinéma.

PARKING   BANQUE DE FRANCE

Partenaire: Descends au parking/à la banque.

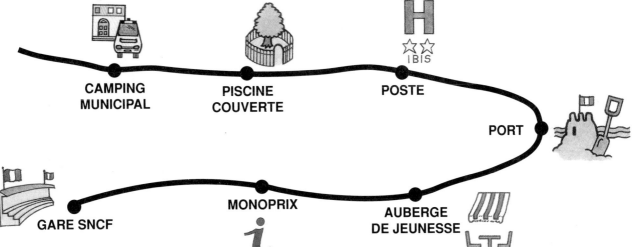

CAMPING MUNICIPAL — PISCINE COUVERTE — POSTE (H ☆☆ IBIS) — PORT

GARE SNCF — MONOPRIX (i) — AUBERGE DE JEUNESSE

B Écoutez les conversations. Où est-ce que je descends?

1 Je veux aller au camping.

2 Je veux aller au cinéma.

3 Je veux aller au musée.

4 Je veux aller au Prisunic.

5 Je veux aller au syndicat d'initiative.

6 Je veux aller à l'Hôtel Ibis.

7 Je veux aller à l'auberge de jeunesse.

8 Je veux aller à la gare.

9 Je veux aller à la piscine.

10 Je veux aller à la banque.

DÉPARTS DE SAINT-OMER				
Destination	**Heure**		**Destination**	**Heure**
BOULOGNE	09.00		CALAIS	15.55
LILLE	10.35		HESDIN	17.45
DUNKERQUE	12.15		ARRAS	18.20

Exercice 4

Dialogues à deux

Travaillez avec un(e) partenaire pour faire des dialogues à la gare routière.

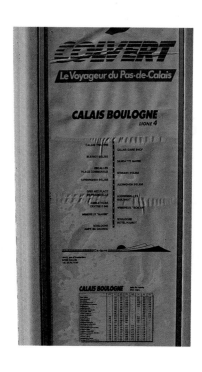

> #### Exemple
>
> – Pardon, monsieur (mademoiselle). Il y a un autobus pour Boulogne à quelle heure, s'il vous plaît?
> – Il y a un autobus pour Boulogne à neuf heures.
> – Merci, monsieur (mademoiselle).
> – Je vous en prie.

Maintenant, à vous! Vous travaillez à la gare routière de votre ville et votre partenaire est un(e) touriste français(e). Imaginez la conversation.

Exercice 5

L'horloge parlante

Vous téléphonez à l'horloge parlante. Écoutez bien et complétez l'heure.

1 | 10 | 2 | 07 | 3 | 18 | 4 | 15 |

5 | 23 | 6 | 14 | 7 | 19 | 8 | 20 |

Dans l'autobus

Conducteur:	Où voulez-vous aller, mademoiselle?
Sophie:	Je veux aller à Boulogne, s'il vous plaît.
Conducteur:	Où exactement à Boulogne?
Sophie:	Je veux aller à la gare maritime.
Conducteur:	Un billet simple ou un aller-retour?
Sophie:	Un billet simple, s'il vous plaît.
Conducteur:	Voilà, mademoiselle. C'est vingt francs.
Sophie:	Merci, monsieur. Où est-ce que je descends pour la gare maritime?
Conducteur:	Descendez au syndicat d'initiative, mademoiselle.
Sophie:	Merci, monsieur.

un billet simple

un aller-retour

Exercice

6

Au guichet

Travaillez avec un(e) partenaire pour faire des dialogues.

Exemple

– Un billet simple pour Calais, s'il vous plaît.
– Voilà, monsieur (mademoiselle).
– Merci. C'est combien?
– Trente francs, s'il vous plaît.

CALAIS

30 F

1		→	BOULOGNE	25 F
2		⇄	LILLE	60 F
3		⇄	CALAIS	90 F
4		→	DUNKERQUE	80 F
5		→	HESDIN	72 F
6		⇄	ARRAS	50 F

Exercice

7

À la gare routière

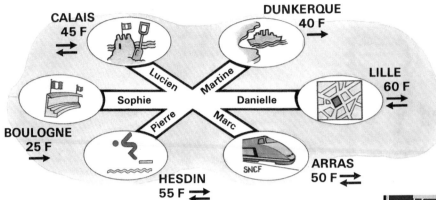

A   C'est vrai ou faux? Corrigez les réponses fausses.

1 Lucien va à Calais.
2 Danielle va à Dunkerque.
3 Pierre va à la gare.
4 Sophie va au stade.
5 Martine prend un billet simple.
6 Marc prend un aller-retour.
7 Pour aller à Boulogne, c'est trente-cinq francs.
8 Pour aller à Lille, c'est soixante francs.

Maintenant, à vous! Créez des phrases vraies ou fausses comme ci-dessus (↑).

B   Travaillez avec un(e) partenaire pour faire des dialogues à la gare routière. Vous êtes Lucien, Martine, Danielle, Marc, Pierre ou Sophie.

Exemple

– Où voulez-vous aller, mademoiselle?

– Je veux aller à Boulogne.

– Où exactement à Boulogne?

– Je veux aller au stade.

– Un billet simple ou un aller-retour?

– Un billet simple, s'il vous plaît.

– Voilà, mademoiselle. C'est 25 francs.

– Merci, monsieur.

À Paris

Stephen va à Paris pour voir les monuments.
Il arrive à la Gare du Nord.

Exercice 8

À la Gare du Nord

Demandez le chemin.

> *Exemples*
>
> Où est la sortie, s'il vous plaît?
> Où est-ce qu'il y a un horaire, s'il vous plaît?

1

3

5

7

2

4

6

8

Exercice 9

Où est-ce?

Écoutez bien. Où est:
1   le guichet,
2   le plan de Métro,
3   la consigne,
4   l'horaire,
5   l'arrêt d'autobus?

Écrivez la lettre de la réponse correcte.

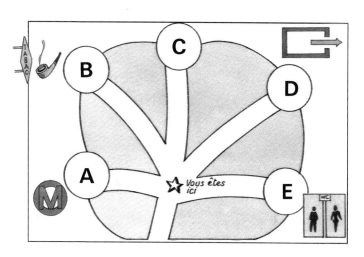

Exercice **10** *Loto!*

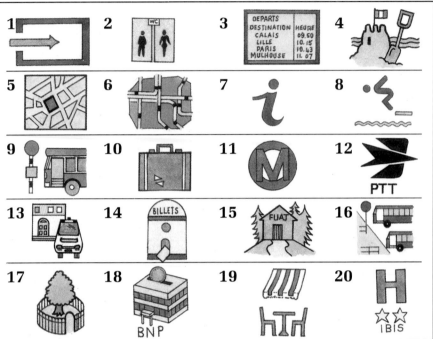

| Où | veux-tu
voulez-vous | aller? | Où exactement? |

| Je veux aller | au camping.
à la gare.
à l'Hôtel Ibis. | C'est quelle ligne? |

| Prenez
Prends | la ligne numéro... | Descendez
Descends | au port.
à la gare.
à l'auberge de jeunesse. |

Descends (Descendez) ici.

| Où est | le guichet?
la consigne?
la gare routière?
la sortie? | Où est-ce qu'il y a | un arrêt d'autobus?
un horaire?
un plan de Métro?
une station de Métro? |

À la station de métro

À Châtelet

1

Nicole: Je veux aller à Raspail.
C'est quelle ligne?

Sophie: Prends la direction Porte d'Orléans.

2

Thierry: Je veux aller à Strasbourg St. Denis.
C'est quelle ligne?

Employée: Prenez la direction Clignancourt.

Exercice
11

Vrai ou faux?
Vous êtes à Châtelet.

PORTE DE
CLIGNANCOURT

Marcadet Poissoniers

Barbès-Rochechouart

Gare du Nord

Gare de l'Est

Strasbourg St. Denis

Réaumur Sébastopol

CHÂTELET

Cité

Odéon

Montparnasse
Bienvenue

Raspail

Denfert Rochereau

PORTE
D'ORLÉANS

1 → CITÉ

2 → GARE DU NORD

3 → BARBÈS-ROCHECHOUART

4 → MONTPARNASSE

5 → GARE DE L'EST

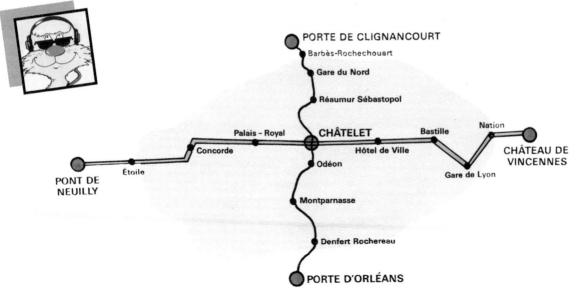

1 À Bastille

2 À Étoile

C'est quelle ligne?

C'est direct?

Il faut changer?

Exercice
12

Posez la question correcte

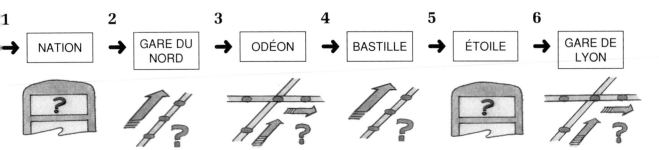

1 → NATION **2** → GARE DU NORD **3** → ODÉON **4** → BASTILLE **5** → ÉTOILE **6** → GARE DE LYON

Exercice
13

Trouvez les réponses correctes. Vous êtes à Montparnasse.

1 Je veux aller à Barbès-Rochechouart. C'est quelle ligne?

2 Pour aller à Bastille, c'est direct?

3 Pour aller à Réaumur Sébastopol, il faut changer?

4 Je veux aller à Denfert Rochereau, c'est quelle ligne?

5 Pour aller à Étoile, il faut changer?

6 Pour aller à Odéon, c'est direct?

A Non, c'est direct.

B Oui, c'est direct.

C Prenez la direction Porte d'Orléans

D Oui, il faut changer à Châtelet.

E Prends la direction Clignancourt.

F Non, il faut changer.

Exercice
14

Dans le Métro

**Il y a une panne d'électricité et vous avez seulement des allumettes.
Où êtes-vous?**

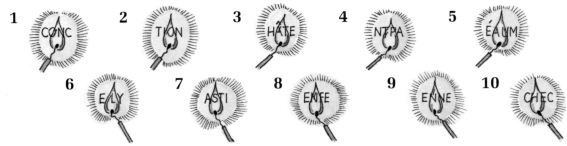

1 CONC **2** TION **3** HÂTE **4** NTPA **5** ÉAUM

6 EILY **7** ASTI **8** EMFE **9** ENNE **10** CHEC

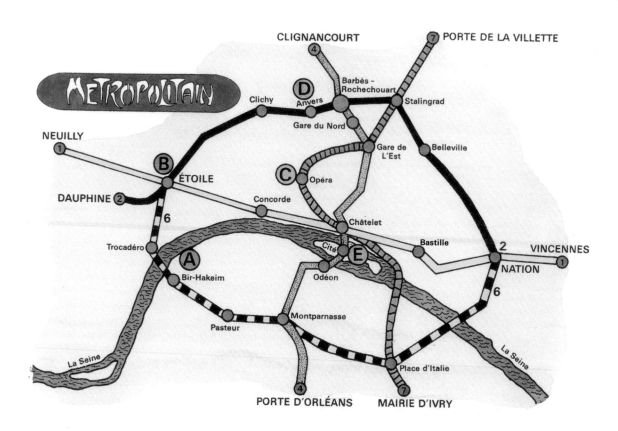

Exercice

15

Cherchez l'intrus

Exemple

ÉTOILE   CONCORDE   OPÉRA   BASTILLE

Opéra, c'est sur la ligne numéro sept.

1 GARE DU NORD   CITÉ   BASTILLE   ODÉON

2 TROCADÉRO   CLICHY   BIR-HAKEIM   PLACE D'ITALIE

3 STALINGRAD   GARE DE L'EST   MAIRIE D'IVRY   MONTPARNASSE

4 NEUILLY   ÉTOILE   ANVERS   BELLEVILLE

5 NATION   CHÂTELET   CONCORDE   DAUPHINE

On va aux monuments

**Stephen décide de visiter la Tour Eiffel (A).
Devant le plan de Métro, à la Gare du Nord.**

Stephen:	Pardon, madame. Vous pouvez m'aider?
Employée:	Oui, monsieur. Où voulez-vous aller?
Stephen:	Je veux aller à la Tour Eiffel. C'est direct?
Employée:	Ah non. Voyons...prenez la direction Porte d'Orléans et changez à Montparnasse.
Stephen:	Et la Tour Eiffel, c'est sur quelle ligne?
Employée:	C'est sur la ligne numéro six, direction Étoile. Descendez à Bir-Hakeim.
Stephen:	Merci, madame. Et maintenant, je voudrais un ticket.
Employée:	Allez au guichet, là-bas.

Exercice

16

Où est-ce qu'on va?

Vous êtes à la Gare du Nord. Écoutez les conversations et regardez le plan. Quel monument est-ce qu'on visite?

B *l'Arc de Triomphe*

E *Notre-Dame*

C *l'Opéra*

D *le Sacré-Cœur*

Exercice 17

À la Gare du Nord

Dialogues à deux. Jouez le rôle de Stephen.

Stephen:	Pardon. Je suis perdu.
Thierry:	Où veux-tu aller?
Stephen:	 SACRÉ-COEUR

Thierry:	Ah non. Voyons, prends la direction Clignancourt. Il faut changer à Barbès-Rochechouart.
Stephen:	SACRÉ-COEUR 
Thierry:	C'est sur la ligne numéro deux, direction Dauphine. Descends à Anvers.
Stephen:	RATP CU-U 2 METRO AUTOBUS
Thierry:	Il y a une machine là-bas.

Exercice 18

À vous

Dialogues à deux. Travaillez avec un(e) partenaire.
Vous voulez aller à l'Arc de Triomphe. Imaginez la conversation.
Vous êtes à la Gare du Nord.

Exercice 19

Au guichet

Demandez les billets au guichet.

1

2

ST-OMER
LILLE

3

ST-OMER
CALAIS
R

4

Exercice 20

Trouvez le dessin correct

1 correspondance
2 accès aux trains
3 tarif
4 renseignements
5 défense de cracher
6 première classe
7 deuxième classe
8 banquette réservée
9 défense de fumer

 A
 B
 C
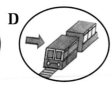 D

E 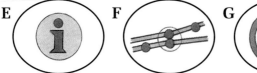 F
G H

I

| Un ticket Un billet | simple aller-retour demi-tarif | s'il vous plaît. |
| Un carnet (de tickets) | | |

Exercice 21

SERGE SERPENT

Combien de stations de Métro pouvez-vous trouver?

Exercice 22

Qu'est-ce que c'est?

1
2
3

4
5
6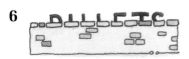

7
8

Karine   Patrick   Jojo va à Paris   Sophie   Jojo

UN EMPLOYÉ LUI DONNE DES DIRECTIONS.

À Bastille vous prenez la ligne numéro un, direction Neuilly, et vous descendez à Louvre.

Merci, monsieur.

JOJO ARRIVE AU LOUVRE VINGT MINUTES PLUS TARD, MAIS …

Heures d'ouverture
de 9h 45
à 17h 30
fermé le mardi

Zut! Aujourd'hui c'est mardi. Le Louvre est fermé.

QUE FAIRE? JOJO DÉCIDE DE PRENDRE UN SANDWICH AU CAFÉ.

Vous avez des sandwichs?

Oui, monsieur. Jambon, saucisson, fromage?

AU CAFÉ JOJO RENCONTRE KARINE.

Tiens, Karine! Qu'est-ce que tu fais ici?

Je fais les magasins.

LES DEUX COPAINS PRENNENT UN VERRE ENSEMBLE.

Qu'est-ce que tu fais cet après-midi?

Je vais à Notre-Dame. Tiens, il est deux heures déjà. Allez, au revoir Karine!

JOJO RETOURNE À LA STATION DE MÉTRO POUR ALLER À CITÉ.

NEUILLY

Je prends la ligne numéro un et je change à Châtelet.

VINGT-CINQ MINUTES PLUS TARD JOJO ARRIVE À NEUILLY.

NEUILL

Neuilly! Zut! J'ai pris la direction Neuilly!

JOJO REGARDE L'HORAIRE DES TRAINS POUR ORLÉANS.

Il est trois heures. J'ai mon cours de clarinette à six heures. Il faut prendre le train de quatre heures dix.

| PARIS AUSTERLITZ | 16.10 |
| ORLÉANS | 17.35 |

IL DÉCIDE D'ALLER TOUT DE SUITE À LA GARE D'AUSTERLITZ

Je prends la direction Vincennes et je change à Bastille. À Bastille c'est la direction Place d'Italie.

DANS LE TRAIN POUR ORLÉANS JOJO N'EST PAS TRÈS CONTENT.

Les monuments de Paris, hmm!

FIN

Ma journée

La journée de Patrick

Patrick décrit sa journée.

Le matin je me réveille à sept heures.

Je me lève...

et je me lave dans la salle de bains.

Je prends le petit déjeuner à sept heures et quart.

Je prends du pain et un café au lait.

Je quitte la maison à sept heures et demie.

Je vais au collège en autobus.

Les cours commencent à huit heures.

Les cours finissent le matin à midi.

Je prends le déjeuner à la cantine.

Les cours recommencent à deux heures...

et finissent à cinq heures.

Je rentre à la maison à pied.

J'arrive à la maison à cinq heures et demie.

Je fais mes devoirs dans ma chambre.

Je prends le dîner à sept heures.

Le soir je regarde la télé.

Je me couche à dix heures.

unité 7

Exercice 1

La journée de Patrick

Mettez les phrases dans le bon ordre.

A J'arrive à la maison.

B Je prends le petit déjeuner.

C Je vais au collège en autobus.

D Les cours finissent à midi.

E Je me réveille à sept heures.

F Les cours finissent à cinq heures.

G Je prends le déjeuner à la cantine.

H Je quitte la maison.

I Je fais mes devoirs.

J Je prends du pain et un café au lait.

K Les cours recommencent à deux heures.

L Je regarde la télé.

M Je rentre à la maison à pied.

N Les cours commencent à huit heures.

O Je prends le dîner.

P Je me couche.

Q Je me lève.

Maintenant, à vous! Décrivez votre journée en français.
Vous pouvez enregistrer votre réponse.

Exercice 2

SERGE SERPENT

Combien de mots pouvez-vous trouver?

Quelle heure est-il?

LA NUIT

Il est...
trois heures.

`03 00`

LE MATIN

six heures cinq.

`06 05`

sept heures et quart.

`07 15`

huit heures vingt.

`08 20`

L'APRÈS-MIDI

midi et demi.

`12 30`

deux heures et demie.

`14 30`

six heures moins vingt-cinq.

`17 35`

LE SOIR

sept heures moins le quart.

`18 45`

dix heures moins dix.

`21 50`

minuit.

`24 00`

Exercice 3

Quelle heure est-il?

┌─ *Exemple* ─────────────────────────────┐

Il est onze heures.

└──┘

1    2    3    4    5

6    7    8    9 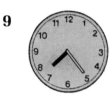   10

Exercice 4

La journée de Sophie

Complétez les phrases.

1 Je me lève à...

2 Je prends le petit déjeuner à...

3 Je quitte la maison à...

4 J'arrive au collège à...

5 Je déjeune à...

6 Je quitte le collège à...

7 Je dîne à...

8 Je me couche à...

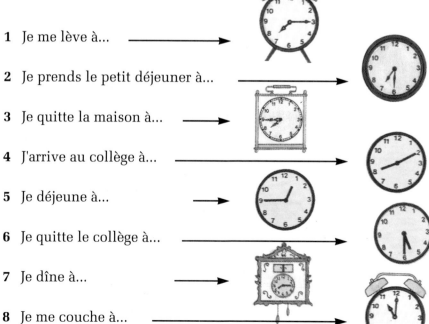

Au collège

L'emploi du temps de Karine

Karine vous décrit son emploi du temps. Écoutez bien.

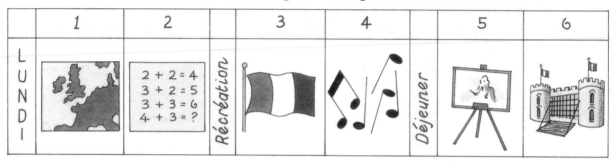

l'anglais   le français   l'histoire   les maths   la science

l'éducation physique   le dessin   la géographie   l'informatique

la musique   les travaux manuels

Exercice 5

Vrai ou faux?

Corrigez les réponses fausses.

1 Le premier cours le lundi c'est la géographie.

2 Le troisième cours le mardi c'est le français.

3 Comme cinquième cours le lundi Karine a histoire.

4 Comme quatrième cours le mardi elle a science.

5 Comme deuxième cours le mardi elle a maths.

6 Le sixième cours le mardi c'est l'éducation physique.

7 Le cinquième cours le mardi c'est l'informatique.

8 Le troisième cours le lundi c'est la musique.

Exercice 6

L'emploi du temps de Karine

Écoutez bien et remplissez les blancs.

		1		2		3		4		5		6
J E U D I				Français	Récréation				Déjeuner			Science

		1		2		3		4		5		6
V E N D R E D I					Récréation			Anglais	Déjeuner			

Exercice 7

Mon emploi du temps

Vous êtes Karine. Remplissez les blancs.
Si possible, complétez cet exercice à l'ordinateur.

«Comme premier cours le jeudi j'ai _____. Le deuxième cours c'est le

_____. Après la récréation j'ai _____ et _____ . L'après-midi j'ai_____

_____ et le sixième cours c'est la ____.

Le vendredi j'ai _____ et _____. Le troisième cours c'est la _____ et puis j'ai

_____ . Après le déjeuner j'ai _____. Le vendredi les cours finissent à trois

heures.»

Exercice 8

Mots brouillés

C'est quelle matière?

1 SNIDES   2 NICESEC   3 NIGALAS

4 THOISIRE   5 RIFASCAN   6 QUISUME

7 AXATURV UNSLAME   8 MOREFATIQUIN

Exercice

9

Des interviews

Écoutez les interviews et complétez le tableau comme dans l'exemple.

nom	aime/n'aime pas/préfère	matière
Frédéric	n'aime pas	la géographie
Nathalie		
Nabil		
Laurent		
Gaëlle		
Céline		
Christophe		
Florence		
Séverine		
Sébastien		
Cyril		

Maintenant à vous!
Qu'est-ce que tu aimes? Qu'est-ce que tu n'aimes pas?
Qu'est-ce que tu préfères? Et pourquoi?

Faites un sondage dans la classe pour trouver les matières préférées.

Exemple

Tracy aime le sport, n'aime pas les maths mais préfère la géographie.

Le soir et le week-end

Les passe-temps de Katia

Katia décrit ce qu'elle fait le soir et le week-end.

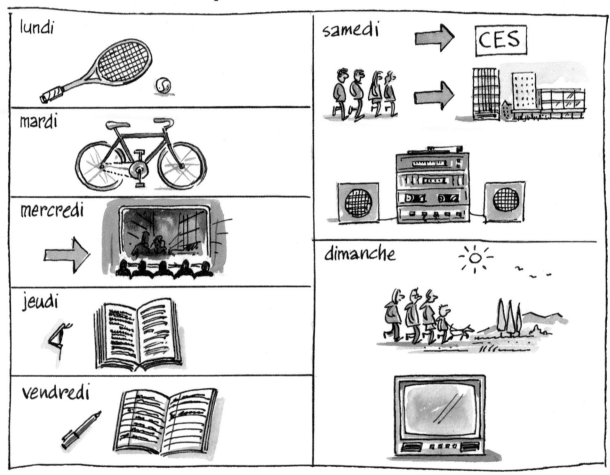

Exercice 10

Les passe-temps de Katia

C'est quel jour de la semaine?

1 Je lis un livre.
2 Je regarde la télé.
3 Je sors avec des copains.
4 Je joue au tennis.
5 Je fais une promenade.

6 J'écoute des disques.
7 Je fais mes devoirs.
8 Je vais au cinéma.
9 Je fais du vélo.
10 Je vais au collège.

Exercice

11

Mes passe-temps

Qu'est-ce que tu fais le soir et le week-end?

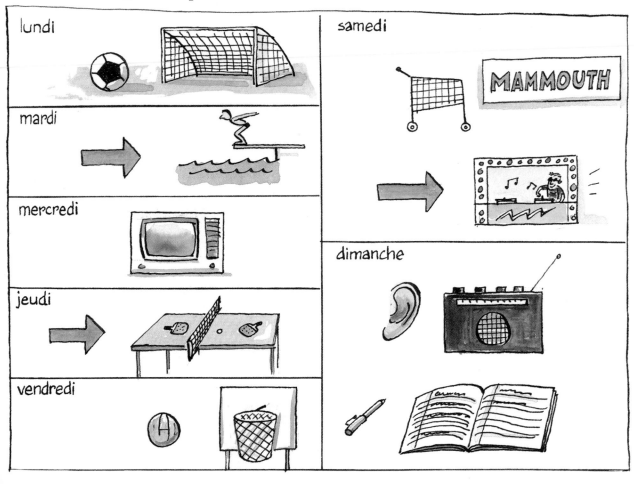

Maintenant, à toi! Qu'est-ce que tu fais comme passe-temps?

Je fais du canoë

Je joue au football

Je joue au ping-pong

Interviewez un(e) partenaire pour trouver ce qu'il/elle fait le soir et le week-end. Vous pouvez enregistrer votre interview.

Exercice 12

Jeu-test

Comment êtes-vous? Choisissez une réponse convenable.

1 Quand il fait du soleil...
- **(a)** je regarde la télé.
- **(b)** je joue au tennis.
- **(c)** je fais une promenade.

2 Quand il pleut...
- **(a)** j'écoute des cassettes.
- **(b)** je vais au cinéma.
- **(c)** je joue au football.

3 Quand il neige...
- **(a)** je sors avec des copains.
- **(b)** je vais à la piscine.
- **(c)** je lis un livre.

4 Le samedi matin...
- **(a)** je vais en ville.
- **(b)** je fais mes devoirs.
- **(c)** je vais au stade.

5 Le samedi soir...
- **(a)** je joue au ping-pong.
- **(b)** je lis des magazines.
- **(c)** je vais à la disco.

6 Le dimanche...
- **(a)** je me lève à midi.
- **(b)** je sors avec ma famille.
- **(c)** je joue au basket.

VOICI LES POINTS

	1	2	3	4	5	6
a	1	1	2	2	3	1
b	3	2	3	1	1	2
c	2	3	1	3	2	3

Comment êtes-vous?

6–9 Vous aimez rester à la maison. Vous êtes tranquille.

10–14 Vous aimez sortir. Vous êtes actif (active).

15–18 Vous aimez le sport. Vous êtes sportif (sportive).

Exercice 13

Cette semaine à Boulogne

Lisez les annonces et remplissez l'agenda.

Cinéma
LES ARCADES

Du Vendredi 29 mars au Mardi 2 avril.
Jeudi 21 h ● Vendredi 18 h, 21 h ● Samedi 21 h
Dimanche 18 h ● Lundi 14 h 30 ● Mardi 21 h

Le Mystère Von Bulow

Film américain en couleur de
BARBET SCHROEDER
avec Glenn Close, Jeremy Irons, Ron Silver

1 h 50

Vendredi 29 mars à 20 h 30
BIBLIOTHÈQUE MUNICIPALE
Boulogne

Tarif: 70 f – Réduit: 60 f

Concert J.M.F. Made in America
par le
Paris Texas Ensemble
chant saxophone piano

CONCERT

JAZZ Dimanche 31 mars

Country Club d'Hardelot

7ᵉ FESTIVAL DE JAZZ
BENNY VASSEUR

CONFÉRENCE

Mardi 2 avril à 18 h

CHÂTEAU – MUSÉE
Boulogne

Conférence
À propos des vases grecs

Jeudi 28 mars à 20 h 30
SALLE OMNISPORTS
BOULOGNE

Récital
Daniel Guichard

C H A N S O N S

Mercredi 3 avril à 15 h et 21 h
Cinéma
LES ARCADES
Boulogne

Connaissance du monde
PATRICE FAVA
«Cinq ans en Chine»

Date	Activité	Lieu	Heure
Jeudi 28 mars	Récital		
		Bibliothèque municipale	20 h 30
Samedi 30 mars	Film		
		Country Club d'Hardelot	
Lundi 1 avril			
	Conférence		

**Maintenant, à vous! Qu'est-ce qu'il y a à faire dans votre ville cette semaine?
Complétez un agenda comme ci-dessus (↑) ou bien dessinez un poster.**

Exercice 14

Bien à toi

Écrivez une réponse à la lettre de Nathalie. Si possible, complétez cet exercice à l'ordinateur.

le 25 août

Cher ami,

Salut! Je m'appelle Nathalie. J'ai treize ans. J'habite à Saint-Omer dans le nord de la France.

Le matin je me lève à sept heures moins le quart. Je prends le petit déjeuner – du chocolat et un croissant – et je quitte la maison à sept heures vingt. Je vais au collège à pied parce que j'habite tout près. Et toi, qu'est-ce que tu fais le matin avant l'école? Est-ce que tu vas au collège à pied?

Au collège les cours commencent à huit heures moins cinq et finissent le matin à midi moins cinq. Je rentre à la maison pour déjeuner. L'après-midi les cours recommencent à deux heures moins cinq et finissent à quatre ou cinq heures. Au collège je préfère l'anglais. C'est très bien. Par contre je n'aime pas l'histoire. C'est nul. Parle-moi un peu de ton collège.

Après le collège je rentre à la maison et je fais mes devoirs. Je dîne vers sept heures et demie avec ma famille. Le soir je sors avec des copains ou bien je lis un livre. J'aime beaucoup la science-fiction. C'est très intéressant. Enfin je me couche à dix heures et demie. Et toi, qu'est-ce que tu fais le soir?

Écris-moi vite,
Bien à toi,
NATHALIE

le 10 septembre

Chère Nathalie,
    Merci de ta lettre. Je m'appelle............

J'arrive	au collège. à la maison.
J'écoute	la radio. des cassettes.
Je joue	au tennis.
Je quitte	la maison.
Je regarde	la télé.
Je rentre	à la maison.

Je fais	une promenade. du vélo. mes devoirs.
Je lis	un livre. des magazines.

Je prends le petit déjeuner.
Je déjeune.
Je dîne.

Je sors	avec des copains. avec ma famille.
Je vais	au collège. à la disco. en ville.

Je me réveille Je me lève Je me lave Je me couche	à sept heures. à sept heures et quart. à sept heures et demie. à onze heures moins le quart.

J'aime Je n'aime pas Je préfère	le français. l'histoire. les maths.

C'est	bien. intéressant. super. difficile. ennuyeux. nul.

Comme premier cours, j'ai (anglais).

Exercice

15

Messages secrets

Pouvez-vous déchiffrer les messages secrets?

1 EJ   EUOJ   UA   TEKSAB   IDNUL   RIOS

2 EJ SIAV UA   AMENIC   IDEMAS   NITAM

3 RIOS   EHCNAMID   KCIRTAP   CEVA   SROS   EJ

4 IDIM-SERPA   IDERCREM   OLEV   UD   SIAF   EJ

5 JAEBVCADIESFAGLHAIDJIKSLCMONVOEPNQDRRSETDUIVSWOXIYRZ

6 SFERDCIBAOZYVXWEVUDTSSRQEPOMNMSLKIJIAHGFFEEDCJBA

Karine

Patrick

Sophie au téléphone

Sophie

Jojo

C'EST MERCREDI. SOPHIE LIT LE JOURNAL.

IL Y A UN BON FILM AU CINÉMA.

LA DÉPÊCHE D'ORLÉANS

Jeanne d'Arc brûlée par les Anglais

CINÉMA REX
ROCKY VI
avec
STALLONE
Interdit aux moins de 13ans
Séances ...... à 19h, 21h 30

ELLE TÉLÉPHONE À JOJO.

Salut. Ici Sophie.

Allô. Jojo à l'appareil.

ELLE INVITE JOJO À L'ACCOMPAGNER AU CINÉMA.

Il y a un bon film au cinéma ce soir. Tu veux venir?

JOJO NE PEUT PAS L'ACCOMPAGNER

Désolé. Ce soir je fais du vélo avec Katia.

SOPHIE DIT AU REVOIR.

Au revoir Jojo. À tout à l'heure!

Oui, à tout à l'heure!

SOPHIE DÉCIDE DE TÉLÉPHONER À KARINE.

Allô. Ici Karine.

Salut, Karine. C'est Sophie.

ELLE INVITE KARINE À L'ACCOMPAGNER AU CINÉMA.

Tu veux venir au cinéma? On passe Rocky VI avec Stallone.

KARINE NE PEUT PAS L'ACCOMPAGNER.

Désolée. Ce soir je joue au tennis au club.

Ah, oui. Bon, au revoir.

SOPHIE RACCROCHE. ELLE N'EST PAS CONTENTE.

Zut alors! Que faire?

ENFIN ELLE TÉLÉPHONE À PATRICK.

Allô. Oui?

Je voudrais parler à Patrick, s'il vous plaît.

PATRICK VIENT AU TÉLÉPHONE.

Allô. Ici Patrick.

C'est Sophie. Tu veux venir au cinéma ce soir?

SOPHIE INVITE PATRICK À L'ACCOMPAGNER AU CINÉMA.

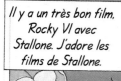

Il y a un très bon film, Rocky VI avec Stallone. J'adore les films de Stallone.

PATRICK VEUT ALLER AU CINÉMA MAIS …

Moi aussi, j'aime les films de Stallone mais je sors avec Leila ce soir, alors …

SOPHIE RACCROCHE. ELLE N'EST PAS DU TOUT CONTENTE.

Au revoir, Patrick … Zut, zut, zut! Je veux aller au cinéma.

LA MÈRE DE SOPHIE ARRIVE.

Qu'est-ce qu'il y a, Sophie?

Je veux aller au cinéma mais personne ne peut m'accompagner.

LA MÈRE DE SOPHIE AIME LES FILMS DE STALLONE.

Stallone? Super! Je vais t'accompagner.

Il y a un film de Stallone.

SOPHIE VA AU CINÉMA AVEC SA MÈRE.

Deux places à 30F, s'il vous plaît.

FIN

Super! C'est maman qui paie.

Ma famille et mes amis

Rendez-vous

Stephen présente un ami anglais.

Thierry:	Bonjour, Stephen...Mais, qui est-ce?
Stephen:	C'est mon ami anglais. Il ne parle pas français.
Thierry:	Ah bon! Comment s'appelle-t-il, alors?
Stephen:	Il s'appelle Graham, Graham Spencer.
Thierry:	Graham? Ah oui! Il a quel âge?
Stephen:	Il a treize ans, comme moi.
Thierry:	Et où habite-t-il en Angleterre?
Stephen:	Il habite à Liverpool.
Thierry:	Liverpool, où ça?
Stephen:	C'est dans le nord-ouest de l'Angleterre.
Thierry:	Ah oui! D'accord.

Photos

Sophie et Nicole regardent des photos.

Sophie:	Tiens, qui est-ce?
Nicole:	Ça, c'est mon amie anglaise.
Sophie:	Ah, oui! Elle s'appelle comment?
Nicole:	Elle s'appelle Louise.
Sophie:	Louise? Et quel âge a-t-elle?
Nicole:	Elle a quinze ans, je crois.
Sophie:	Elle habite où, exactement?
Nicole:	Elle habite à Plymouth.
Sophie:	Plymouth? Où est Plymouth?
Nicole:	C'est dans le sud-ouest de l'Angleterre.
Sophie:	D'accord.

Louise

Exercice 1

Dialogues à deux

Travaillez avec un(e) partenaire.
Posez des questions sur son ami(e) anglais(e). Regardez ci-contre (←).

Exemple

Qui est-ce?   Où habite-t-il(elle)?
Comment s'appelle-t-il(elle)?   Où ça?
Quel âge a-t-il(elle)?

---

1 (a) Angela   **2** (a) David   **3** (a) Paul   **4** (a) Karen

   (b) 14   (b) 18   (b) 12   (b) 16

   (c) Chester   (c) Newcastle   (c) Bristol   (c) Eastbourne

Maintenant, à vous! Présentez un(e) de vos amis à un(e) Français(e).
Vous pouvez enregistrer   ou écrire   votre réponse.

Voici mon amie française, Stéphanie. Elle
a 13 ans et elle habite à Mulhouse, dans
l'est de la France. Elle aime le tennis et la
musique.

Voici mon ami français, Laurent. Il a 15
ans et il habite à Bayonne, dans le sud-
ouest de la France. Il aime le football et
les films.

Qui est-ce?

C'est Jeanne Mas.

Elle est née le 28 février 1958 à Alicante en Espagne.

Elle habite à Paris et à Rome où elle a une grande maison.

Elle aime les animaux, le shopping, le cinéma et la danse.

Elle est chanteuse. Ses 33 tours sont: «Jeanne Mas», «Femmes d'Aujourd'hui», «les Crises de l'Âme» et «l'Art des Femmes». Parmi ses 45 tours sont: «Johnny, Johnny», «En rouge et noir», «Carolyn», «Bébérock» et «Shakespeare».

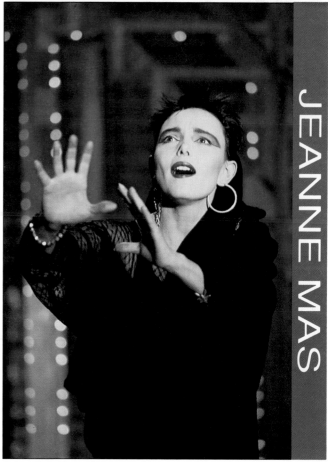

JEANNE MAS

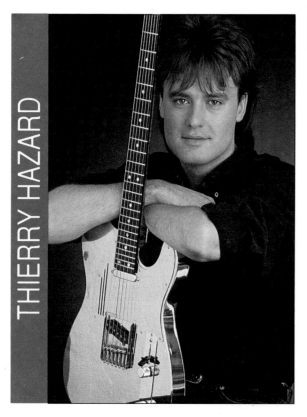

THIERRY HAZARD

C'est Thierry Hazard.

Il est né le 7 juin 1962 à Paris.

Il mesure 1.78 m.

Il aime le foot, le tennis, les livres, le cinéma et ses copains.

Il joue de la guitare et du piano.

Il est chanteur. Son premier 45 tours s'intitule «le Jerk» (le nom d'une danse).

Exercice 2

Cartes d'identité

Copiez et remplissez la carte d'identité...

(a) de Jeanne Mas

Nom:

Prénom:

Date de naissance:

Née à:

Âge:

Profession:

Domicile habituel:

Aime:

(b) de Thierry Hazard

Nom:

Prénom:

Date de naissance:

Né à:

Âge:

Profession:

Aime:

Instruments joués:

Exercice 3

Maintenant, à vous!

Maintenant, à vous. Présentez votre vedette préférée.

Nom: Donovan
Prénom: Jason
Né à: Melbourne
Aime: la natation
Préfère: le jus d'orange

Nom: Jackson
Prénom: Janet
Née à: Los Angeles
Aime: la gymnastique
Préfère: les frites

Nom: Hollyday
Prénom: David
Né à: Boulogne-Billancourt
Aime: les T-shirts
Préfère: la cuisine bulgare

Nom: Ciccone
Prénom: Louise Madonna
Née à: Bay City, Michigan
Date de naissance: 16 août 1958
Instruments joués: batterie, guitare

Nom: ?
Prénom: ?
Né(e) à: ?
Aime: ?
Préfère: ?

Ma famille

Nathalie présente sa famille.

Voici mon père. Il s'appelle Xavier. Il travaille dans un bureau au centre-ville. Il aime le cinéma et le sport. Le week-end il joue au badminton avec des copains.

Voici ma mère. Elle s'appelle Françoise. Elle travaille dans une école primaire. Elle aime les promenades et les livres. Le week-end elle va à la piscine avec ma sœur et moi.

Voici mon frère. Il s'appelle Frédéric. Il a vingt-cinq ans. Il habite à Paris. Il travaille dans une usine. Le week-end il fait du cyclisme. Il aime la musique populaire.

Voici ma sœur. Elle s'appelle Magali. Elle a vingt-deux ans. Elle est étudiante à l'université de Strasbourg. Elle étudie l'histoire. Le week-end elle joue au tennis. Elle aime beaucoup le sport.

Exercice 4

Vrai ou faux?

Corrigez les réponses fausses.

1 Le père de Nathalie s'appelle Frédéric.
2 Il travaille dans un bureau.
3 Il aime le cinéma et le sport.
4 La mère de Nathalie s'appelle Françoise.
5 Elle travaille dans un magasin.
6 Le week-end elle va en ville.

7 Le frère de Nathalie a 24 ans.
8 Il travaille dans une usine à Paris.
9 Il aime la musique classique.
10 La sœur de Nathalie a 22 ans.
11 Elle étudie la science à l'université.
12 Le week-end elle lit des livres.

Exercice 5

Où travaillent-ils?

Travaillez avec un(e) partenaire. Vous êtes Philippe Boulanger.

> ### Exemple
>
> Où travaille ton père?   Il travaille dans un bureau.

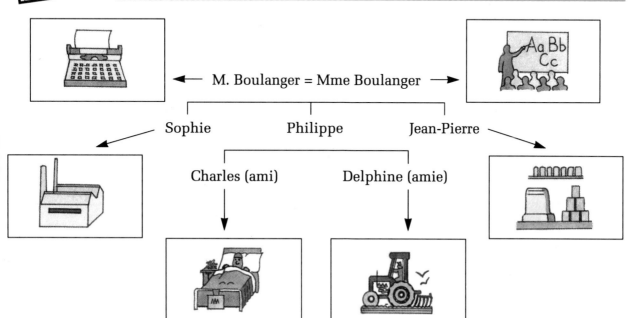

Exercice
6

Ma famille

Travaillez avec un(e) partenaire. Présentez votre famille (A ou B) à votre partenaire.

A

B

Maintenant, à vous! Présentez votre famille à la classe ou à un groupe. Vous pouvez aussi enregistrer votre réponse.

Exercice

7

Mots croisés en désordre

Copiez la grille, puis rangez les lettres et insérez-les dans la grille, pour trouver où tout le monde travaille.

1 ABERUU

2 EEFMR

3 AAGIMNS

4 EINSU

5 AHILOPT

6 CEELO

7 ABENQU

8 ADEST

9 ACEEHMPRRSU

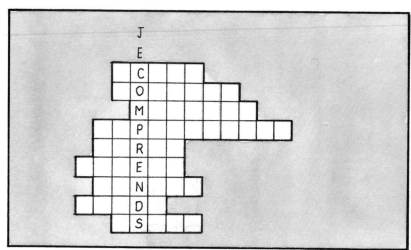

Qui est-ce?		
C'est	mon ami anglais. mon frère. mon père.	
Comment s'appelle-t-il?		
Il s'appelle John Smith.		
Quel âge a-t-il?		
Il a treize ans.		
Où habite-t-il?		
Il habite à Winchester.		
Il aime la musique.		
Où travaille	ton frère? ton père?	
Il travaille dans	un bureau. une école. un hôpital.	
Le week-end	il fait du cyclisme. il joue au tennis.	

Qui est-ce?		
C'est	mon amie anglaise. ma sœur. ma mère.	
Comment s'appelle-t-elle?		
Elle s'appelle Mary Jones.		
Quel âge a-t-elle?		
Elle a douze ans.		
Où habite-t-elle?		
Elle habite à Bolton.		
Elle aime le sport.		
Où travaille	ta sœur? ta mère?	
Elle travaille dans	une ferme. un magasin. une usine.	
Le week-end	elle joue au badminton. elle va à la piscine.	

Au travail

Élodie fait un sondage sur le travail. D'abord elle interviewe M. Bayard, le père de Nathalie.

Interview avec M. Bayard

Élodie:	Bonjour, monsieur. Où travaillez-vous, s'il vous plaît?
M. Bayard:	Je travaille dans un bureau au centre-ville.
Élodie:	À quelle heure commencez-vous le travail?
M. Bayard:	En principe je commence le travail à huit heures et demie mais j'arrive au bureau à huit heures et quart.
Élodie:	Vous vous levez à quelle heure, alors?
M. Bayard:	Je me lève à sept heures. Je vais en ville en autobus.
Élodie:	Vous avez combien de temps pour prendre le déjeuner?
M. Bayard:	J'ai une heure seulement. Je mange dans un restaurant près du bureau.
Élodie:	Et vous finissez le travail à quelle heure?
M. Bayard:	Généralement je finis à cinq heures et demie. J'arrive à la maison à six heures.
Élodie:	Est-ce que votre travail vous plaît?
M. Bayard:	Oui, beaucoup. C'est très intéressant.
Élodie:	Merci, monsieur. C'est très gentil.
M. Bayard:	Je vous en prie, mademoiselle.

Exercice 8

Le travail de M. Bayard

Copiez le paragraphe et remplissez les blancs.

M. Bayard travaille dans _____. Il se lève à _____. Il commence le travail à

_____. Il va en ville _____. Il a _____ pour prendre le déjeuner. Il mange

dans _____. Il finit le travail à _____. Il arrive à la maison à _____. Son

travail est très _____.

Exercice 9

Le sondage d'Élodie

Écoutez les interviews et remplissez le tableau.

Nom	Travail	Commence à	Finit à	Heure du déjeuner	Opinion
Ex. M. Bayard	dans un bureau	8.30	5.30	une heure	très intéressant
Mme Pougeol	dans une usine				très bien
M. Tulout		7.30		une heure et demie	
M. Calas	dans un hôpital		2.00 de l'après-midi		
Mme Ibneyerrou		3.00 du matin		après le travail	
Mme Micou					assez bien
M. Butchaz				Petit déjeuner à 6 h	

Exercice 10

Dialogues à deux

Travaillez avec un(e) partenaire pour refaire les interviews dans le sondage d'Élodie.
Voici les questions à poser:

Où travaillez-vous?

À quelle heure commencez-vous le travail?

Vous avez combien de temps pour prendre le déjeuner?

Vous finissez le travail à quelle heure?

Est-ce que votre travail vous plaît?

Vous pouvez enregistrer votre interview.

Exercice 11

Au travail

Écrivez les paragraphes en français.

1

«Mon père travaille dans

Il se lève à et il commence le

travail à . Il a 1x pour

prendre le déjeuner.

Il finit le travail à

Son travail, c'est super.»

2

«Ma mère travaille dans

Elle se lève à et elle quitte la

maison à . Elle va au travail en

 . Elle commence le travail à

Elle a 2x pour prendre le déjeuner.

Elle mange au . Elle finit le

travail à

Son travail, c'est très intéressant.»

Maintenant, à vous. Interviewez votre père, votre mère, votre frère ou votre sœur sur leur travail. Puis écrivez un paragraphe en français. Si possible, complétez cet exercice à l'ordinateur.

Exercice 12

Faites coulisser

Faites coulisser, de droite à gauche ou de gauche à droite, chacune des rangées pour trouver où on travaille.

1

H	A	B	I	T	E
B	A	N	Q	U	E
L	I	V	R	E	S
C	I	N	E	M	A
M	A	I	S	O	N
Q	U	I	T	T	E

2

B	U	R	E	A	U
M	A	G	A	L	I
T	E	N	N	I	S
Q	U	I	T	T	E
E	T	U	D	I	E
M	E	S	U	R	E

3

C	H	A	C	U	N	E
S	O	N	D	A	G	E
C	O	P	A	I	N	S
M	U	S	I	Q	U	E
G	U	I	T	A	R	E
A	N	I	M	A	U	X
A	N	G	L	A	I	S

Exercice
13

Messages secrets

Trouvez les messages secrets.

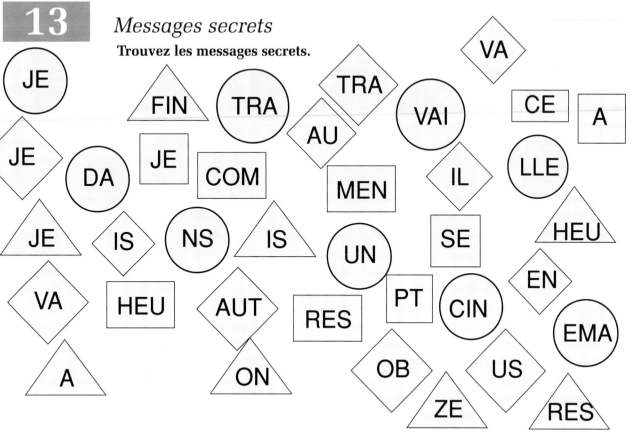

J'arrive		au travail à sept heures et demie.
Il Elle	arrive	
Je Il Elle	commence	le travail à huit heures.
Je Il Elle	mange	au restaurant.
Je Il Elle	travaille	dans un bureau.

Je finis		le travail à six heures.
Il Elle	finit	
Je me lève		à sept heures.
Il Elle	se lève	
J'ai Il a Elle a	une heure deux heures	pour prendre le déjeuner.
Je vais Il va Elle va	au travail en autobus.	

Timbres et téléphones

À la poste

Employée:	Monsieur?
Stephen:	Pour envoyer une lettre en Angleterre, c'est combien, s'il vous plaît?
Employée:	Deux francs cinquante.
Stephen:	Donnez-moi trois timbres, s'il vous plaît.
Employée:	Voilà, monsieur. Ça fait sept francs cinquante.
Stephen:	Merci...Où est-ce qu'il y a une boîte aux lettres?
Employée:	À droite, près de la sortie.

Exercice 1

À la poste

Travaillez avec un(e) partenaire.

Employée:	Monsieur/Mademoiselle?				
Vous:	? F	*(a)*		*(b)*	
Employée:		*(a)* 2 F 30		*(b)* 2 F 50	
Vous:		*(a)* 4 x		*(b)* 2 x	
Employée:	Ça fait	*(a)* 9 F 20		*(b)* 5 F	

Vous:	
Employée:	Là-bas, à gauche.

Exercice 2

Au tabac

Demandez les timbres-poste.

Exemple

Je voudrais un timbre à deux francs cinquante, s'il vous plaît.

---

1 1 x

2 5 x

3 2 x

5 3 x

6 6 x

4 4 x

Exercice 3

Qu'est-ce que c'est?

1 un BETRIM
2 une TELTER
3 la OISTER
4 LEGERANTER

La boîte aux lettres

**HEURES
DES LEVÉES**

JOURS OUVRABLES
10H 30
13H 30
16H 00

SAMEDI
09H 30

BUREAU LE PLUS PROCHE
SAINT-OMER

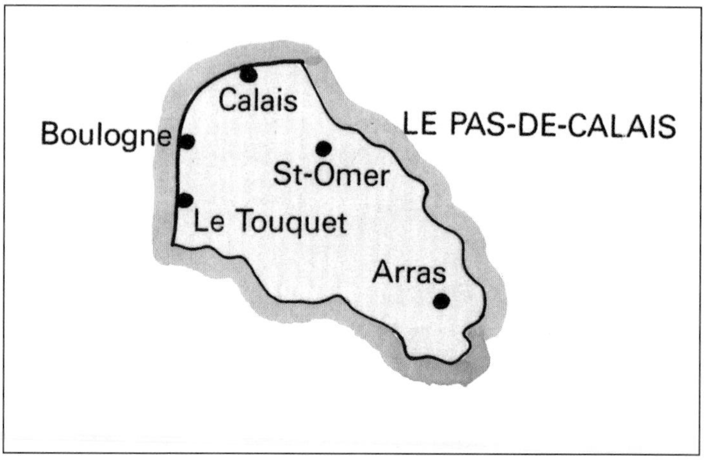

Exercice

4

C'est pour où?

Trouvez la destination correcte pour les lettres.

LE PAS-DE-CALAIS

Boulogne • Calais • St-Omer • Le Touquet • Arras

L'ÉTRANGER   **PAS-DE-CALAIS**   **AUTRES DESTINATIONS**

1
MR. D. TAYLOR
147 KEW LANE
BLACKBURN.
BB1 7HA

2
M. C. Chat
27 rue Carnot
625000 St-Omer

3
M. F. Mitterand
Palais de l'Elysée
75000 Paris

4
Mme M. Lisa
38 rue de St Omer
62000 Calais

5
Signor S. Paghetti
Via Veneto
Rome

6
Mlle B. Bardot
Promenade des Anglais
06000 Nice xx

Pour aller	au tabac à la poste	s'il vous plaît?	
Pour envoyer	une lettre une carte postale un télégramme	en Angleterre,	c'est combien?
Je voudrais Donnez-moi	...timbre(s) à...francs.		
Où est-ce qu'il y a une boîte aux lettres?			

Téléphones

Au bureau de poste

Stephen:	Pardon, madame. Où est-ce qu'il y a un téléphone public, s'il vous plaît?
Employée:	Là-bas, dans le coin, monsieur.
Stephen:	Merci. Pour téléphoner en Angleterre, c'est combien?
Employée:	Environ cinq francs par minute.
Stephen:	J'ai un billet de cinquante francs. Vous avez de la monnaie?
Employée:	Oui, monsieur. Voilà des pièces de cinq francs.
Stephen:	Merci, madame.
Employée:	Je vous en prie, monsieur.

Exercice

5

Dialogues à deux

Travaillez avec un(e) partenaire pour faire des dialogues au bureau de poste.

Employé(e): Monsieur/Mademoiselle?

Client(e): (a) 3 x (b) 5 x

Employé(e): Voilà. Ça fait (a) 9 F (b) 16 F.

Client(e): (a) ? (b) ?

Employé(e): Là-bas, au fond, monsieur/mademoiselle.

Client(e): (a)  ? (b) ?

Employé(e): Voilà des pièces de cinq francs.

Exercice

6

Ça fait combien?

Vous téléphonez en Angleterre. C'est 5 F par minute. Ça fait combien?

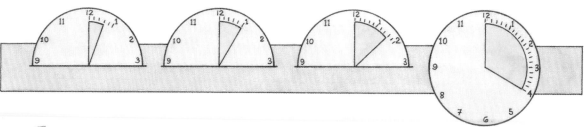

Et pour téléphoner, comment faire?

5 Composez votre numéro.

1 Allez à une cabine.

3 Introduisez les pièces dans les fentes.

6 La communication terminée, raccrochez le combiné.

2 Décrochez le combiné.

4 Attendez la tonalité.

TOUTTT

Et pour téléphoner en Angleterre, comment faire?

1 Composez le 19 et attendez la tonalité.

– 19 – TOUTTT

ITALIE	39
LUXEMBOURG	352
NORVÈGE	47
PAYS BAS	31
ROYAUME UNI	44
SUÈDE	46
SUISSE	41

3 puis l'indicatif de la zone automatique, sans 0,

**Lawrie E,
18 Dundee Rd
Aberdeen 580763**

Preston (Dorset)	0305
Preston (Lancs)	0772
Preston Candover	025 687
Preston Capes	032 736

2 Composez l'indicatif du Royaume-Uni (44),

4 puis le numéro d'appel de votre correspondant.

À vous

Et vous, quel est votre numéro de téléphone en Angleterre?

RENSEIGNEMENTS	12
RÉCLAMATIONS	13
SAMU	15
POLICE-SECOURS	17
POMPIERS	18

Exercice **7**

C'est quel numéro?

1   **2**

3   **4**

Exercice **8**

Comment faire?

Mettez les instructions dans l'ordre correct.

Attendez la tonalité.
Raccrochez le combiné.
Composez votre numéro.

Introduisez les pièces.
Décrochez le combiné.

Exercice **9**

Agents secrets

Pouvez-vous déchiffrer le télégramme?

13-15-14   14-21-13-5-18-15
4-5   20-5-12-5-16-8-15-14-5
3-5-19-20   12-5   BACHGEDF

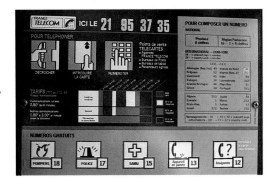

| Où est-ce qu'il y a | un téléphone public? une cabine téléphonique? |

| Pour téléphoner en Angleterre, | comment faire? c'est combien? |

| Je voudrais le 19 - 44 - ... - ... |

| Vous avez Je voudrais | de la monnaie(?) |

Les pays de l'Europe où l'on parle français

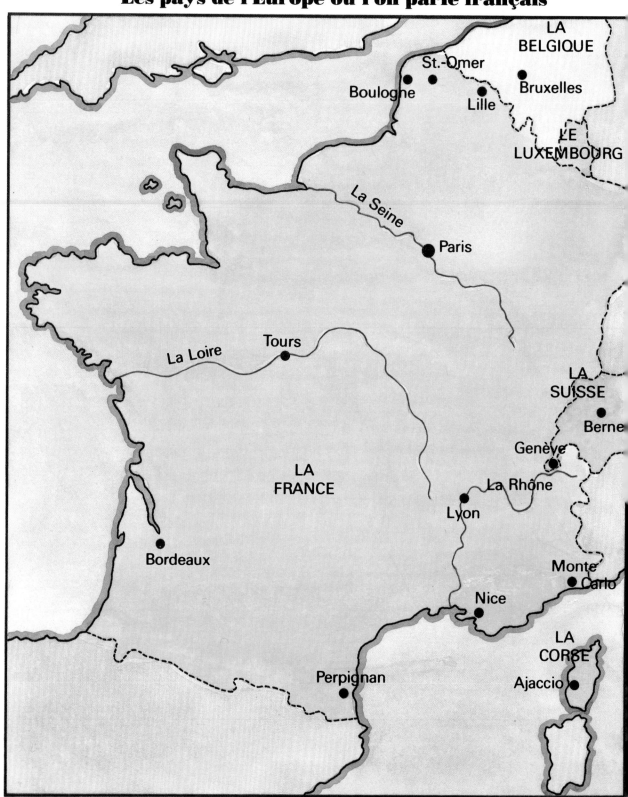

Unité 1

aider – to help
s'appeler – to be called

bonjour – hello, good day
bonsoir – good evening

ça va bien – I'm fine
un cahier – exercise book
une calculatrice – calculator
cela – that
c'est – it is
une chaise – chair
comme ci, comme ça – all right
comment ça va? – how are you?
une corbeille – waste bin
un crayon – pencil

demander – to ask

une gomme – rubber

habiter – to live

un livre – (text) book

le Maroc – Morocco
merci – thank you
moi aussi – me too

où – where

parler – to speak
pas bien – not well
un placard – cupboard
un professeur – teacher

quel(le) – what, which

une règle – ruler

un sac – bag
salut! – hi!
un stylo – pen
la Suisse – Switzerland

vous – you

Unité 2

d'accord – OK, agreed
à l'aide de – with the help of
ainsi de suite – and so on
aller – to go
ancien – former
après – after
une auberge de jeunesse – youth hostel

une banque – bank
bas – bottom
bien – well

caché – hidden
un camping – campsite
le centre-ville – town centre
chercher – to look for
choisir – to choose
le commissariat – police station
comprendre – to understand
continuer – to continue
corriger – to correct
à côté de – next to

demander le chemin – to ask the way
derrière – behind
descendre – to go down
deuxième – second
devant – in front of
dire – to say
droite – right

écouter – to listen
un endroit – place
éviter – to avoid

faire – to do
faux – false
une forêt – forest

la gare – railway station
gauche – left
la grille – grid

haut – top

il y a – there is, there are

un jardin public – public garden, park

là-bas – over there
lentement – slowly

un magasin – shop
manquer – to miss
monter – to go up
un mot – word
un musée – museum

ne... pas – not
le nord – North

où est – where is?
où sont – where are?

un panneau – signpost
un parking – car park
une piscine – swimming pool
la place – square
la plage – beach
plus – more
la Poste – Post Office
pouvez-vous – can you
premier(ière) – first
prendre – to take
près de – near

qu'est-ce que – what
qui – which, who

regarder – to look at
un rempart – rampart
remplacer – to replace
le rendez-vous – meeting place
une réponse – reply
au revoir – goodbye
la rue – street

savoir – to know
s'il te plaît, s'il vous plaît – please
un stade – stadium

je suis – I am

le syndicat d'initiative – tourist information office

les toilettes – toilets
tourner – to turn
tout droit – straight on
travailler – to work
traverser – to cross
troisième – third
trouver – to find
se trouver – to be situated

vieux – old
une ville – town
voir – to see
vrai – true

Unité 3

accompagner – to accompany
aimer – to like
aller – to go
alors – then
un ami – friend
anglais – English
l' Angleterre – England
l' anniversaire – birthday
un arbre généalogique – family tree
assez – quite
avec – with
avoir – to have

beaucoup de – a lot of
bien sûr – of course
un blanc – gap
bon anniversaire – happy birthday
au bord de la mer – at the seaside

la campagne – country
une carte d'identité – identity card
chez – at home
ci-dessus – above
comme – like, as

je crois – I think
dans – in
la date de naissance – date of birth
dessiner – to draw
dire – to say
un disque – record
un domicile – residence
drôle – funny

l' Écosse – Scotland
écrire – to write
une énigme – riddle
l' entrée – entrance
l' est – east
l' étranger – abroad
être – to be

faire – to do
faites correspondre – match up
la famille – family
fermé – closed
une fête – festival
une fiche – form
la fin – end
français – French
un frère – brother

grand – big
la Grande Bretagne – Great Britain

un habitant – inhabitant
habituel – usual

ici – here
intéressant – interesting
l' intrus – odd one out

un jeu vidéo – video game
jeune – young
joli – pretty
jouer – to play
un jour – day
le Jour de l'An – New Year's Day

le lieu de naissance – place of birth

maintenant – now
mais – but
la maison des jeunes – youth club
en majuscules – in capital letters
Mardi-Gras – Shrove Tuesday
la mère – mother

naturellement – of course
né(e) – born
Noël – Christmas
le nom – name
de famille – surname
de jeune fille – maiden name
le nord – North
nous – to us

Pâques – Easter
par là – that way
parler – to speak
partir – to set off
passer – to spend
un pays – country
le Pays de Galles – Wales
perdu – lost
le père – father
petit – small
il pleut – it is raining
pourquoi – why
vous pouvez – you can
le prénom – first name
se présenter – to present oneself

quand – when

remplir – to fill in
rencontrer – to meet
de retour – back

la Saint-Sylvestre – New Year's Eve
je ne sais pas – I don't know
une semaine – week
une sœur – sister
le sud – South

surtout – above all
ton – your
tous les jours – every day
la Toussaint – All Saints' Day
tout – all
travailler – to work

les vacances – holidays
je vais – I am going to
je viens de – I come from
voilà – there is
un voleur – thief
votre – your
vouloir – to want to

zut – dash, drat

Unité 4

l' addition – bill
un agent de police – policeman
appeler – to call
apporter – to bring
attendre – to wait for

bavarder – to chat
une bière – beer
une boisson – drink
une boule – scoop
une brasserie – 'pub'

un café – coffee
un calcul – sum
c'est combien? – how much is it?
chaque – each
des chips – crisps
citron – lemon
un citron pressé – fresh lemon juice
compris – included
un copain – mate
un croque-monsieur – toasted sandwich

délicieux – delicious
vous désirez? – what do you want?

désolé – sorry
donnez-moi – give me
dresser – to draw up

une eau minérale – mineral water
encore – because
une enquête – enquiry
une erreur – mistake
je m'excuse – I'm sorry
à l'extérieur – outside

j'ai faim – I'm hungry
il fait chaud – it is warm
du soleil – it is sunny
ça fait – that makes
au fond – in the back
fraise – strawberry
des frites – chips
le fromage – cheese

un garçon – waiter
une glace – ice cream

le jambon – ham
un jus de fruits – fruit juice

le lait – milk
une limonade – lemonade

manger – to eat
un marchand – salesman
moi – me
un mot brouillé – anagram

ne... plus – no more, no longer
nouveau(elle) – new

un orangina – orangeade

un parfum – flavour
payer – to pay
plus tard – later
prendre – to take, have
le prix – price
prix nets – inclusive prices

quelque chose – something

ranger – to put in order
je regrette – I'm sorry
un repas – meal
retrouver – to meet
revenir – to come back
rouge – red

un salon de thé – tea room
une serveuse – waitress
j'ai soif – I'm thirsty
ça suffit – that's enough
suivant – following
sur – about
surpris – surprised

un tarif – price list
une tasse – cup
un thé – tea
à tout à l'heure – see you soon
tout de suite – at once
tout le monde – everyone

je m'en vais – I'm going
elle s'en va – she goes away
vanille – vanilla
le vin – wine
je voudrais – I would like
il/elle voudrait – he/she would like

Unité 5

d'abord – first
acheter – to buy
adorer – to adore
une alimentation – food store
un ananas – pineapple
l' après-midi – afternoon
l' argent – money
attendre – to wait (for)

une baguette – French stick
avoir besoin de – to need
un billet – (bank) note
des bonbons – sweets
un boulanger – baker
une boulangerie – bakery

une **bouteille** – bottle

une **caisse** – cash desk
une **carte postale** – postcard
c'est ça – that's right
un **client** – customer
combien en voulez-vous? – how much do you want?
comme ça – like that
comment? – pardon?
content – pleased
un **cours** – lesson

déchirer – to tear
déçu – disappointed
un **demi-kilo** – half a kilo
un **dessin** – drawing
se diriger vers – to make your way towards
donner – to give

enfin – at last
une **épicerie** – grocer's
par erreur – by mistake
essayer – to try
et avec ça? – what else do you want?

faire – to make, do
  des achats – to go shopping
il faut – you must
fermé – closed
des **fraises** – strawberries

une **gare routière** – bus station
un **gâteau** – cake

interdit – forbidden

libre service – self service

un **magasin** – shop
un **marché** – market
un **matin** – morning
la **monnaie** – change

ne… rien – nothing

offrir – to give
ouvert – open

le **pain** – bread
un **pain au chocolat** – chocolate roll
un **paquet** – packet
  cadeau – gift packet
une **pâtisserie** – cake shop
une **pêche** – peach
une **pièce** – coin
une **poire** – pear
une **pomme** – apple
une **poupée** – doll
poussez – push

que – which
quelle heure est-il? – what time is it?
quitter – to leave

des **raisins** – grapes
se rendre – to go
rentrer – to go back
répondre – to reply
en route – on the way

seulement – only
la **sortie** – exit

un **tabac** – tobacconist's
une **tablette** – bar
  tant pis – too bad
un **timbre** – stamp
  tirez – pull
un **tour** – turn

vendre – to sell

Unité 6

aller – to go
un **aller-retour** – return ticket
des **allumettes** – matches
un **arrêt d'autobus** – bus stop
aujourd'hui – today
un **autobus** – bus

une **banquette** – bench, seat
un **billet simple** – single ticket
boire – to drink

la **consigne** – left luggage office
une **correspondance** – connection
cracher – to spit

défense de – it is forbidden to
demi-tarif – half fare
un **départ** – departure
descendre – to get off
direct – straight through

un **employé** – employee
ensemble – together
exactement – exactly

il faut changer? – do you need to change?
fumer – to smoke

le **guichet** – ticket office

un **horaire** – timetable
l' **horloge parlante** – speaking clock

il y a – there is, there are

une **ligne** – line

le **Métro** – Paris underground

n'oublie pas – don't forget

une **panne** – breakdown
poser – to ask
vous pouvez m'aider? – can you help me?
je vous en prie – it's a pleasure

le **quai** – platform
à quelle heure? – at what time?
quelque chose – something

des **renseignements** – information
en retard – late

un　saucisson – sausage

　　tout de suite – at once

un　verre – glass
　　voir – to see
　　vouloir – to want
　　voyons – let's see

Unité 7

un　agenda – diary
　　aimer – to like
une　annonce – advertisement
　　après – after
l'　après-midi – afternoon
　　avant – before

une　bibliothèque – library
　　bien à toi – best wishes
　　bon – right, good

　　ce, cette – this, that
une　chambre – bedroom
une　chanson – song
　　chanter – to sing
　　cher – dear
la　Chine – China
un　collège – secondary school
　　comme – as
　　commencer – to start
la　connaissance – knowledge
　　par contre – on the other
　　　hand
　　convenable – suitable
　　se coucher – to go to bed
un　cours – lesson
le　cyclisme – cycling

　　déchiffrer – to decipher
　　décrire – to describe
le　déjeuner – lunch
　　demi – half
le　dessin – art
les　devoirs – homework
　　difficile – difficult
le　dîner – evening meal

l'　école – school

un　emploi du temps –
　　　timetable
　　ennuyeux – boring

　　faire – to do
　　　une promenade – to go
　　　　for a walk
　　il fait du soleil – it is sunny

　　grec – greek

l'　histoire – history

l'　informatique – information
　　　technology
　　interdit – forbidden
　　intéressant – interesting

　　jouer – to play
un　journal – newspaper
une　journée – day

se　laver – to get washed
se　lever – to get up
un　lieu – place
　　lire – to read

une　matière – subject
un　matin – morning
　　midi – midday
　　minuit – midnight
　　moins – less
le　monde – world

　　il neige – it snows
une　nuit – night
　　nul – worthless

　　ou bien – or else

　　parce que – because
un　passe-temps – pastime
　　ne... personne – nobody
le　petit déjeuner – breakfast
un　peu – a little
　　à pied – on foot
une　place – seat
　　il pleut – it rains
　　pouvoir – to be able to

　　quand – when
un　quart – quarter
　　qu'est-ce qu'il y a? – what's
　　　the matter?
　　quitter – to leave

　　raccrocher – to hang up
la　récréation – break
　　réduit – reduced
　　rentrer – to go back
une　réponse – reply
　　rester – to stay
　　se réveiller – to wake up

la　salle de bains – bathroom
un　soir – evening
　　sortir – to go out
　　sportif(ive) – sporty
　　super – great

un　tableau – table
　　à tout à l'heure – see you
　　　shortly
　　tranquille – calm, quiet
les　travaux manuels – craft
　　très – very

　　venir – to come
　　vers – about
　　vite – quickly

Unité 8

　　aider – to help
un(e) ami(e) – friend

la　batterie – drums
　　bulgare – bulgarian
un　bureau – office

　　chacun – each
un　chanteur, une chanteuse –
　　　singer
　　au chômage – unemployed
la　cuisine – cooking

　　déçu – disappointed
　　demander – to ask

une école – school
un enfant unique – only child
l' Espagne – Spain
un(e) étudiant(e) – student
étudier – to study

faites coulisser – move
une ferme – farm
fort – loud

généralement – generally
gentil – kind

handicapé – handicapped
un hôpital – hospital

insérer – to insert
s'intituler – to be titled

manger – to eat
mesurer – to measure

la natation – swimming
né(e) – born

parler – to speak
parmi – amongst
plaire – to please
primaire – primary
en principe – in theory

qui? – who?

une rangée – row
ranger – to put in order

un rendez-vous – meeting
une réponse – reply
de rien – don't mention it

sans succès – without success
savoir – to know
son, sa – his, her
un sondage – survey

le temps – time
un 33 tours – LP
un 45 tours – single
le travail – work
travailler – to work

une usine – factory

une vedette – star
voici – here is

Unité 9

attendre – to wait for
autre – other

un billet – (bank) note
une boîte aux lettres – postbox

une cabine téléphonique – telephone box
le coin – corner
le combiné – receiver
comment – how

composer – to dial

décrocher (le combiné) – to lift (the receiver)

environ – about
envoyer – to send
l' étranger – abroad

une fente – slot

l' indicatif – code
introduire – to introduce

une levée – collection

la monnaie – change
un numéro – number

ouvrable – working

une pièce – coin
le plus proche – nearest

raccrocher – to hang up
le Royaume-Uni – United Kingdom

sans – without

terminer – to finish
un timbre – stamp
la tonalité – dialling tone